U0806271

极致阅读手册

练出会读书的大脑

【韩】高荣成——著
朱莉 译

中信出版集团·北京

图书在版编目（CIP）数据

极致阅读手册 /（韩）高荣成著；朱莉译 . -- 北京：中信出版社，2018.1

ISBN 978-7-5086-7776-7

I. ①极… II. ①高… ②朱… III. ①读书方法－手册 IV. ① G792-62

中国版本图书馆 CIP 数据核字（2017）第 283949 号

어떻게 읽을 것인가
Copyright © 2015, Koh Young-seong
All Rights Reserved.
This Simplified Chinese edition was published by CITIC Press Corporation in 2018 by arrangement with Smart Books Co., Ltd. through Imprima Korea Agency & Qiantaiyang Cultural Development (Beijing) Co., Ltd.
本书仅限中国大陆地区发行销售

极致阅读手册

著　　者：[韩] 高荣成
译　　者：朱　莉
出版发行：中信出版集团股份有限公司
（北京市朝阳区惠新东街甲 4 号富盛大厦 2 座　邮编　100029）
承 印 者：北京诚信伟业印刷有限公司

开　　本：880mm × 1230mm　1/32　　印　　张：8.5　　字　　数：160 千字
版　　次：2018 年 1 月第 1 版　　印　　次：2018 年 1 月第 1 次印刷
广告经营许可证：京朝工商广字第 8087 号
书　　号：ISBN 978-7-5086-7776-7
定　　价：42.00 元

版权所有 · 侵权必究
如有印刷、装订问题，本公司负责调换。
服务热线：400-600-8099
投稿邮箱：author@citicpub.com

献给我亲爱的、正向着世界全力奔跑的儿子“谦”

目录

Part 2

多读：多多阅读

Part 3

泛读：多样阅读

Part 4 慢读：缓慢阅读

Part 5 观读：带着观点阅读

序言

“请您给大家讲讲读书方法吧！”

我虽愧不敢当，但某人总是恳切地请我去讲一讲如何读书。此人便是著名的“价值领袖读书会”会长申真悟。该读书会定期举办讲座，邀请作家讲学。恰逢读书会创立 9 周年之际，申会长邀请我去做个讲座。读书会前期的活动一般是指定书目大家一起学习，或是听作家演讲，虽有“读书”之名，但还未曾介绍过“读书之法”。申会长爽朗风趣地对我说：“这次我们可不学‘烹鱼之法’了，要学学‘钓鱼之法’。”

然而，我却笑不出来。虽然我读书不算少，也在 MBC 电视节目和博客上给大家推荐了不少书，经常和大家探讨与读书有关的话题，但在那之前，我还从未对读书之法进行过深入的思考，没怎么看过介绍读书方法的书，也没有写过与之有关的书，更没有做过以“读书方法”为主题的讲座。我素来埋头于书卷本身，却从未关注过“如何读书”的问题。尽管如此，我还是应下了申会长的请求。因为“请您给大家讲讲读书方法吧！”这句话一直在敲打着我。

我一直以来都以“读书家”自居，可事实上却从未研究过读书之法，这句发问让我惶恐。但事实上，我已经形成了自己特有的“读书之法”，只不过我从没有留意过他人的读书方法，也没有仔细思考过我的读书方法是否也“普遍适用于其他人”。而申会长的邀请恰似点亮黑夜的火柴，使我穿过黑暗，来到壁炉边，凭借点点火星，就让炉中的火焰熊熊燃烧——而本书的内容，就是那有待燃烧的干柴。

于是，我突然心生许多疑问：

- 什么叫读书？
- 读书对我们有何影响？
- 有哪些读书之法？
- 有普遍适用的高效读书法吗？如果有，那会是什么？
- 怎样才能成为一名真正的读书家？

……

为准备讲义，我将市面上所有有关读书方法的书都找来读了一遍。像这种深入某一主题系统阅读的方法就叫作“系读”。系统读完某一主题的书之后，基本上就可以解开与该主题有关的许多疑惑了。但是不知为何，在接连看了许多有关读书方法的书之后，我还是觉得他们有的地方讲得还不足，好像少了些什么。

讲读书方法的书，内容大多都是这样：我是如此如此读书的，效果显著，据说历代伟人都是这样读书的。所以推荐大家也如此读书。这种叙述有一个漏洞：没有任何科学依据证明，对于作者（或伟人）而言有效的读书方法也适用于大部分读者。

一本畅销书中写道：“（依作家所说的方法）认真阅读人文经典就会成为改天换地的大人物。因为历史上所有改变世界的伟大人物全都读过人文经典。”这句话的逻辑和“一天吃三顿饭就能成名。因为所有伟人都一天吃三顿饭”有何不同呢？

那些书中没有提及那些努力阅读经典却没有改变世界的人，也没有提及那些没有努力阅读经典却依旧改变了世界的人们（况且很多伟人还患有阅读障碍）。书中也没有任何科学依据证明经典书籍能够将平凡人转变成能改变世界的领袖。我并不是在批判经典，当然也不是在强调书中必须给出科学依据，我只是觉得，要想抒写“对我好的，对你也好”的“共性”，至少要有科学依据，这样才能使观点更具有说服力。有了科学依据后，读者在按作者的建议实践之时，才能体会到作者曾有的感受。

面对这种情况，我的心久久无法平静，而这种心情恰好成了我写书的强烈动力。于是，我将买回来的书堆到了书房一角，用只有自己才能听见的声音说道：

“我来写。”

我拿起了笔，将燃烧的火柴抛到了那堆干柴之上。

Part 1

读我：阅读自己

“无论你认为自己行还是不行，你都绝对是正确的。”

——亨利 · 福特（Henry Ford），美国汽车工程师与企业家，福特汽车公司的创立者

古希腊哲学家赫拉克利特（Heraclitus）曾说：
“唯有变化才是永恒的。”
不要才过了 30 岁就说些“现在脑子不中用了，学不进去了”的话。
脑科学已经证实：“我们的大脑在不断变化。”

Chapter 1 • 变化的大脑

明晰起源是知晓事物之理的最佳方法。

——泰伦斯 · 狄肯（Terrence Deacon），

美国加州大学伯克利分校生命起源研究学者

人类共性

“灵感汹涌溢出。”[①]

法国数学物理学家亨利 · 庞加莱（Jules Henri Poincaré）如上记录下了他在喝下一杯黑咖啡后的激动心情。突涌的思绪使他证明了富克斯函数确实存在。

虽然我无法和这位伟大的学者相提并论，但我在喝咖啡的时候，也会进行很多思考。正是在咖啡馆中，我阅读了书房里三成以上的书籍，并写就了 5 部作品当中的两部。

我在咖啡厅阅读或写作的时候，常常会看到一对对一起消

① 原文为：“Ideas rose in crowds.” 出自《关于数学创造》（*Mathematical Creation*），20 世纪初法国数学家庞加莱在巴黎心理学会上的演讲报告，描述数学家的大脑如何运转。——译者注

磨时光的情侣，并透过他们感受世界的变化。有时候，情侣们不仅仅在品尝咖啡，还时不时地触碰对方。每当这时，我都会假装没看见，摆出一副更加努力工作的样子。不过这又如何呢？咖啡史学家海因里希·雅各布（Heinrich Jacob）曾经说过："一杯咖啡是绝妙惊人的情感凝结剂。"正如书中所说，咖啡的香气能使恋人们爱得更加深沉。在其他国家的咖啡馆中，又会是哪般情景呢？

美国佛罗里达大学的一个研究小组行走世界各地，以各个城市的情侣为研究对象，观察情侣们在喝咖啡时的身体接触频次。各地的观察结果截然不同：也许是因为伦敦的情侣们更追求柏拉图式的爱情，他们在喝咖啡的时候几乎没有身体接触；而巴黎的恋人们在喝咖啡的这段时间里，相互触碰了110余次；在波多黎各的圣胡安，情侣们在咖啡时间里的身体接触多达180次。

我们每个人都生活在特定的文化之中，每种文化之间都存在不小的差异。德国影视剧以悲剧收尾的概率比美国大三倍；在印度和巴基斯坦，有一半以上的人认为"没有爱情也可以结婚"；而98%的日本人坚定地认为"爱情是婚姻的前提"；另外，65%的日本人会担心自己在公众场合下说错话，而只有25%的美国人会有这种担忧。

"二战"期间，主张极端民族主义的希特勒及其纳粹制造了人类历史上最大的伤亡，此后，文化人类学学者和社会学学者都争相投入各个民族之间的文化差异的研究。在文学领域，对文化多样性的赞颂也成为一个重要的主题。每一个有基本教养的人都应该承认文化差异，如果有人在波多黎各的情侣们喝咖啡时横加责难，那么他周围的人肯定也会对他在其他方面加以指责。

身处于尊重文化差异和个性的环境中，我们时常会忽略“我们同属于一个人种”的事实。1945 年，美国人类学家乔治·彼得·默多克公布了在全球数百个社会中都存在的 67 个行为和制度，具体如下：

> 禁止乱伦、长幼有序、身体装饰、日历、清洁沐浴、集体组织、烹饪、劳动协作、宇宙观、求爱、舞蹈、装饰艺术、占卜、分工、解梦、教育、末日论、伦理学、民族植物学、礼节、信仰治疗、家庭宴会、点火、民间传承、禁食、葬礼仪式、游戏、身体语言、馈赠礼物、政治体制、打招呼、发型、款待、住房、卫生、继承规则、玩笑、血缘关系、语言、法律、幸运迷信、咒术、婚礼、吃饭时间、医药、助产术、处罚、个体姓名、人口政策、养育、怀孕、妊娠、惯例、财产权、驱散超自然存在、青春期风俗、宗教仪式、居住规则、评判标准、灵魂概念、地位分化、外科手术、制作工具、交易、访问、适应气候变化、织布。

著名人类学家唐纳德·布朗（Donald Brown）也在《人类共性》（*Human Universals*）一书当中罗列了世界不同文化圈中人们的共同特征。他罗列的条目更多，涉及更多细节，比如，在所有社会之中，小孩子见到陌生人都会感到害怕，他们都更喜欢喝甜水而非白开水；相对女性而言，男性会到离家更远的地方去旅行；等等。每个文化圈都有特定的故事、神话和谚语，都会将世界划分为集团内部和外部。可见人类有着诸多共性。

那么，人们拥有这么多共同特性，对我们来说有何意义？这足以说明，在共通的遗传物质的基础之上，我们拥有相似的“大脑”，拥有相似的思想和行动之源。事实表明，遗传物质的 80% 都和脑相关。

我之所以对人类共性感兴趣，是因为我要解开序言中所讲的与读书相关的疑惑：“读书对于我们所有人来说有着怎样的意义”，“读书对我们有何影响”，以及“我的阅读方法是否具有普遍适用性”。我想找出这些问题的答案。为了能够弄清楚这些，我们必须在读书之前先读懂身为人类的自己（读我），然后才可以说：“对我好的东西在一定程度上对你也好。”

接下来，我将围绕着每个人都具备的“脑”来谈读书。我写这本书，就是希望能够用最前沿的脑科学、心理学、行为经济学理论，打开“读书”这个潘多拉魔盒，为它插上故事和人文科学的翅膀，让它飞入读者的怀中。

脑的可塑性

世界著名脑科学家拉马钱德兰教授（Ramachandran）接诊了

一位名叫维克托的患者，该患者曾因手术截去了左臂，但他的感知能力正常，从神经学的角度看，似乎并没有什么大问题。然而当刺激他脸部时，他开始胡言乱语："老师，我感觉您正在触碰我的拇指。"骇人的是，他从被截掉的拇指那里感受到了触觉！往他脸上滴水时，他也说他感觉到了已经被截掉的左臂下部有水流淌而过！调查结果显示，他的左侧脸颊上具有被截断的左臂感觉神经。该症状被诊断为"幻肢"（Phantom limbs）。那么，在维克托身上到底发生了什么？

大脑皮层各部分与身体部位的对应关系一目了然。

20 世纪 30 年代，一名叫怀尔德·潘菲尔德（Wilder Pentield）的神经外科医生在为患者做脑部手术以治疗癫痫的过程中发现，刺激大脑皮层的不同部位会引起身体不同部位的反映。经研究后，他发表了显示大脑皮层的各部分与身体部位一一对应关系的"潘菲尔德脑地图"。该发现对科学界冲击巨大，普通大众也对此十分关注。

当我们观察这幅脑部地图时，会发现一个有趣的现象：大脑皮层上对应身体不同部位的区域的面积相差很大。我们由此就可以看出大脑认为哪些部位最重要。在脑地图上，手和面部所占的比重很大，而与后背相关的部分非常小。维克托的左臂虽然截肢了，但他的大脑中依然存有他手臂的地图。手臂的感觉神经一直存在，并等待着刺激；而截断的手臂一直不给大脑传递信息，于是大脑陷入了混乱。

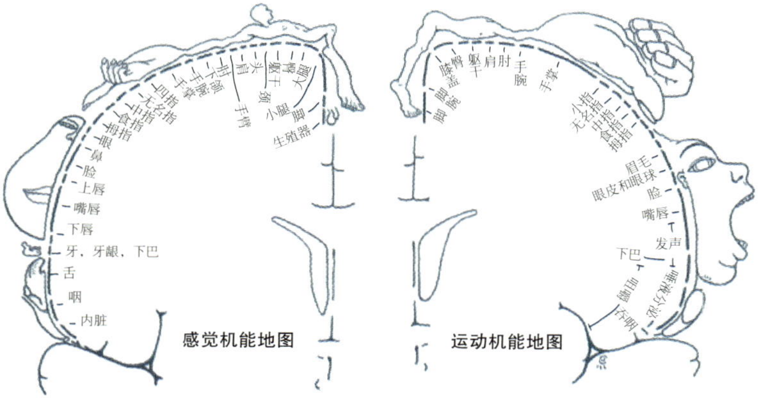

潘菲尔德脑地图

从潘菲尔德脑地图可以看出，手臂区域旁边就是脸部。面部在脑地图中的面积最大，活动也最为丰富。面部的神经侵入了截断手臂对应的皮层，使得维克托每次触摸自己脸时都会从自己假想的手传来触感。

我们普遍认为人长大之后脑部就不会再变化，甚至会退化。这是因为我们可以看见的一切身体器官都在缓慢老化：我们的皮肤变得松弛，头发变得斑白，肌肉力量逐年下降，我们的记忆力也会衰退。有些人才过30岁，就经常说“现在脑子不中用了，学不进去了”之类的话。但随着脑科学的不断发展，人们发现了除“幻肢”这种特殊症状之外的其他脑解剖学变化。古希腊哲学家赫拉克利特曾说：“唯有变化才是永恒的。”不要才过了30岁就说些“现在脑子不中用了，学不进去了”的话。脑科学已经证实：“我们的大脑在不断变化。”

人类脑的质量为 1.4 千克，仅占身体总重的 2%，却使用了维持人类生命必需能量的 20%，新生儿的脑耗能占比甚至达到了 65%。此外，80% 的 DNA（脱氧核糖核酸）都和脑相关。可见对人类来说脑是一个非常重要的器官。人类的大脑中有约 1 000 亿个神经细胞，即神经元。

各神经元的轴突和树突通过突触相互接触，并传递信息。神经元中，十分纤细的轴突自细胞体伸出，伸向其他神经元的中心，即树突处。各神经元的轴突和树突通过突触相互接触，并传递信息。神经元以最快达每秒几百米的速度向我们的身体各处传递电信号，神经元接收电信号后，通过突触释放如多巴胺、血清素、内啡肽等化学形态的神经传递物质来传递信息。

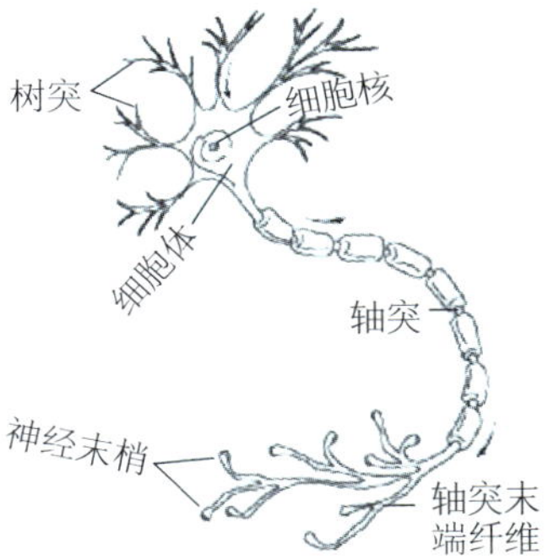

神经元构造

法国哲学家笛卡儿（René Descartes）在 1641 年出版的《形而上学的沉思》（*Meditationes de Prima Philosophia*）中将大脑描述为一个与钟表和水泵相似的机械工具。此后，随着工业革命的发展，公众更加倾向于将大脑看作是机械。人们认为，脑神经组织如蒸汽机械一般，是由几部分构成，每部分具有特定的功能。

诺贝尔奖获得者、西班牙神经解剖学者圣地亚哥 · 拉蒙 – 卡哈尔曾在 1913 年声称：“成人脑中的神经网络是固定不变的，不能改变。”

20世纪中期，被称为是“思考机器”的计算机诞生，许多科学研究人员和哲学家将人类的智能比喻为“中央处理器”（Central Processing Unit，简称CPU），将人类的记忆比喻为存储芯片或硬盘，并开始将脑的神经回路和机能与进化的机械（计算式）相提并论。他们认为：“脑与钟表、蒸汽机或计算机相似，不会变化。”

1968年，美国威斯康星大学一个叫迈克尔·莫泽尼奇的人通过猴子实验，证明了“灵长类的脑在变化”。他将猴子的手部弄伤，截断感觉神经，观察此后猴子的大脑如何反应。起初在触碰其手指末端关节时，猴子的大脑会陷入混乱，即便感觉神经已被切断，大脑依然会认为触觉是从手指末端传出来的。然而几个月后，猴子的脑部混乱就会消失，因为它们大脑进行了自我修复。但该实验不能以人为实验对象进行复制。直到20世纪90年代核磁共振成像（Nuclear Magnetic Resonance Imaging，简称MRI）技术诞生，人们才在脑研究领域取得了划时代的进步。

20世纪90年代，英国研究人员发表了有关人类脑部变化的卓越研究成果。16名伦敦出租车司机接受了MRI脑部成像，研究人员发现其大脑海马后部，即负责储存和调节环境中的空间形象的部分显著比普通人大，也就是说他们的这部位的神经细胞明显更多。通过后续研究和发现，人们逐渐接受了人类的大脑在持续变化的事实。描述大脑变化的专业用语“大脑可塑性”

（plasticity）也随之诞生。脑的变化主要体现于神经元间的联结变多变强。

那么怎样才能让大脑变化呢？大脑可塑性受视觉、听觉、行为、思考、学习、认知、记忆等与脑相关的几乎所有脑活动的影响，脑神经组织每时每刻都在变化。从关于伦敦出租车司机的研究中可以看出，大脑在进行特定的训练时变化会得到强化。

大脑无限变化的可能性是由我们的生活方式决定的。虽然不是每个人都能拥有世纪伟人爱因斯坦一般的大脑，但我们个人的选择和行为，会导致自身不可思议的成长与飞跃。我们不是静止不变的，任何时候我们都能成长。我们必须认识到这一点，这比人生中的其他任何事情都重要。

Chapter 2 • 成长型思维

"生活的意义不是发现自我，而是创造自我。"①
——萧伯纳（George Bernard Shaw），
爱尔兰剧作家，1925 年诺贝尔文学奖获得者

突破界限：成长型思维和定式型思维

日本大学生小林尊的专业是经济学，他和女朋友木村住在一起，作为学生的他们几乎没有收入，所以两个人生活不易。一日，木村以小林尊的名义报名参加了吃面大会，大会优胜者可以得到 5 000 美元的奖金。可小林尊本是一个身材干瘦、食量普通的人，他从来没有想过要参加吃东西比赛，所以他看似丝毫没有得奖的可能。

但当时他的经济问题确实很要命，再说挑战一下也无妨，于是他决定参战。最终结果却令人大吃一惊——小林尊在该项大赛中胜出，获得了 5 000 美元的优胜奖金。

① 英文原文为："Life isn't about finding yourself.Life is about creating yourself."——译者注

此战获胜后，小林尊决定挑战更大的比赛。他将目标瞄向了"内森国际吃热狗大赛"。这项比赛极为盛大，有40余年的历史，被世人称为"大胃王比赛的世界杯"，比赛盛况在娱乐与体育节目电视网（Entertainment and Sports Programming Network，简称ESPN）直播，每年有超过100万观众收看。

大会规定，在12分钟内吃热狗最多的人获得胜利，过程中不限制饮料饮用。2001年小林尊首次出战大赛时的世界纪录是$25\frac{1}{8}$个。这就意味着以进食速度计算，他每分钟要吃掉两个热狗。而小林尊首战就打破了世界纪录，获得了比赛胜利。他在该场比赛中足足吃掉了50个热狗，平均每分钟吃4个多。

我来问大家几个问题，请用"是"或"不是"来回答。

1. 人的智力水平是不是基本固定，不会有大的改变？

2. 是不是不管怎样学习，人的智力水平都不会改变？

3. 如果努力尝试，人的智力水平是不是可以有一定程度的提高？

4. 是不是不管一个人现阶段的智力水平是多少，都可以再提高？

如果3、4项回答"是"，那么你更倾向于"成长型思维"，如果1、2项回答"是"，那么你更倾向于"定式型思维"。

在斯坦福大学，由心理学教授卡罗尔·德韦克（Carol S. Dweck）主导的一个研究小组将70名11岁儿童分成了两组，一组为具有成长型思维的孩子（以下称“成长型孩子”），另一组为具有定式型思维的孩子（以下称“定式型孩子”），并让他们解题。在第一项测试中，研究人员在孩子们解题前会给他们提示，当孩子们给出答案时，会给予“答对了”或“答错了”的反馈。通过练习所有孩子都学会了如何解题，两组孩子的测试成绩无显著差异。

而后，研究人员将第二项测试的条件改变了，让题目变得更加难解。首先，解题前不再给出提示，也不会每次都给予反馈，而是每答 4 道题目给一次正误反馈。当测试条件变化后，立刻呈现出了令人惊讶的结果：成长型孩子的成绩大大超过了定式型孩子。两组孩子都事先进行了充分练习，练习结果也相近，后一组测试的结果却差异显著，这不由得令人惊讶。研究小组对研究结果仔细分析后发现了一个规律。当两组孩子接收到“答错了”的反馈时，他们的反映十分不同。

经历失败时，成长型孩子更倾向于去寻求更有效的策略来解决问题，定式型孩子则不仅无法接受反馈内容，还无法将解题技巧发挥出来。

测试结束后，当被问及“解题时遇到了什么样的困难”时，一半以上定式型孩子回答：“我不够聪明。”而成长型孩子之中则没有一人如此作答，他们回答说：“我没有努力尝试。”或者说：“问题比练习时难。”

在第二次测试中，孩子们可以在测试过程中大声说出自己想说的话。结果显示，一半以上成长型孩子会说诸如“问题越来越难，我也要更努力才行”或者“冷静点，慢慢来”之类的话给自己加油打气。而定式型孩子则几乎不说这些话。尤其是当遭遇失败时，成长型孩子会说“我现在没能好好集中注意力！”这种自我激励的话语；相反，定式型孩子经常说“哎，认输吧！”。这种差异是如何产生的呢？

哥伦比亚大学的一位名叫詹尼佛·明格斯的教授和他的团队将学生分为相信“智力不变”组（定式型）和相信“智力能够提高”组（成长型）后，对其进行了简单的知识测试，并立刻告知其正误。测试题目是诸如“澳大利亚的首都在哪儿”等综艺节目中经常出现的简单问题。

脑电波检测结果显示，当接收到“回答错误”的反馈时，定式型学生的脑前部感受到自我威胁时会发出的P3a波信号强烈，而成长型学生与获得信息和储存记忆相关的脑电波信号强烈。也就是说，定式型孩子和成长型孩子看待自己的方式不同，即他们身份认同不同。

定式型孩子给自我设限。他们成功的时候不会出现大问题，但当经历失败之时，就会认为自身存在缺点，感受到自我威胁，产生身份认同危机。这常常会导致他们在失败时，脑部活动被自我埋没，在学习新东西时大脑无法活动，害怕尝试新的挑战，无法尝试新的策略。

另一方面，成长型孩子不给自身设限，将失败看作是变得更好的过程。这些孩子即便身处逆境，也不会遭遇身份认同危机，他们认为只要成长就能够跨越逆境。因此他们果敢面对挑战，将过程反馈看作是向上进步的阶梯，勇敢追寻新的战略战术。这些孩子可以用一个词来概括："Sisu"。Sisu在芬兰语中意为"胆识和勇气，即便大多数人都放弃时也持续战斗并坚信必胜的态度"。成长型孩子手中总是握着一把名为Sisu的匕首，他们必将占领心中的高地。

前面提到的小林尊正是成长型思维的典型。他对《魔鬼经济学》[①]（*Freakonomics*）的作者史蒂芬·列维特（Steven D. Levitt）和史蒂芬·都伯纳（Stephen J. Dubner）说："我没有给自己设定能吃几个热狗的界限。"大部分参与者都以当时的最高纪录25个热狗为目标，努力练习如何吃掉26个热狗，而小林尊却没有限定自己能够吃多少热狗，只专心探求"如何才能更有效率地吃"。

并且大部分的参与者们都采用同一种训练方式：将整个热狗放入嘴中，接着灌一大口水。前世界纪录保持者也是如此训练，人们认为只有这种训练方式才最安全，失败率最低。但小林尊不断探索着新的方法，他发现将面包和香肠分开食用更为高效，将面包浸泡一下再挤干水分吃更佳。这位具有成长型思维、不将自己关在界限之中、不畏惧失败的干瘦的日本青年，凭借他的新方法，创造了世界纪录。

① 《魔鬼经济学》已由中信出版社于2016年9月出版。——编者注

至此，你也许会有疑问，我们的思维，即我们的身份认同是与生俱来的吗？定式型和成长型思维是命中注定的吗？

身份认同的形成

“世上有三种东西最难改变：钢铁、钻石和对自己的认知。”①

这句话是美国建国之父本杰明·富兰克林（Benjamin Franklin）所说，侧面反映了自我认知，即个人的身份认同是多么难以改变，正如人们在交谈中经常会说“这个人真是没怎么变啊”。对于自己的身份认同，人们一般会有如下观点：

1. 倾向于天生；

2. 几乎不变；

3. 即便改变，也需要很长一段时间。

让我们来看看是不是果真如此。2010 年韩国 EBS 电视台推出的系列纪录片《学校是什么》第 6 部《夸奖的反作用》篇中有一个有趣的记忆力测试。一组孩子在做记忆力测试前会听到如下话语：

“哇，你很聪明嘛。”

“你的脑瓜儿真好使！”

老师们会这样夸奖孩子，然后会借口说有事要离开大约 7 分

① 原文为：“There are three things extreamly hard, Steel, a Diamond and to know one’s self.”——译者注

钟，让孩子们继续在黑板上凭记忆写答案。老师出去后，大部分孩子会开始耍小聪明，甚至会作弊。对此卡罗尔·德韦克说道：

“如果有人夸奖你很聪明，是个天才，（失败后）你会觉得那个不聪明的自己很羞耻。如果当初夸奖你的人看到你说‘啊，原来你不是什么天才嘛’、‘你很普通嘛’之类的话，你将受到巨大的打击。这种压力会强加到孩子身上。

“当你夸奖某人的才能时，那个人就会有每时每刻都必须保持完美的想法。正如诸位在实验视频中看到的一样，他们甚至会通过不正当的行为努力让自己看上去很聪明。”

另一组孩子也会在记忆力测试前获得夸奖，但夸奖的内容不同。

“你时刻不放松，很努力呢。”

“做得很认真，难题都解开了呢。”

有趣的是，孩子们在听到这些夸奖之后，即便老师暂时离开，也很少有人作弊。孩子们被表扬的是努力而不是天赋，是过程而不是结果，他们自己也会更加重视过程，更看重诚实认真解决问题的意义，不会为了获得更高的分数而去作弊。在被夸奖努力的好品质之后，孩子们即便遇到难题，即便想不起来，也会下决心想办法克服困难。后续测试中，让这两组孩子从难题和简单题中选择作答时，受到“你很聪明嘛”夸奖的孩子们选择简单问题的比率更高，而受到“你很努力呢”赞扬的孩子们选择难题的比率更高。

话已至此，我想很多读者都已经心中了然。该实验向我们展示了“定式型思维”和“成长型思维”是如何形成的。一个以成人为实验对象的研究结果也与之相似。卡罗尔·德韦克教授特别指出，家长的赞扬和批评方式对孩子有着决定性影响。通过该实验，我们可以类推出以下三条有关身份认同的基本事实：

1. 身份认同并非天生；

2. 身份认同可以改变；

3. 身份认同改变不需要很长时间。

由上可知，有关个人的身份认同的问题，我们的一般认知与事实之间相去甚远。事实上，人们的身份认同在外部环境，即家庭、文化和特定的情况的作用下，会发生变化，而且会急速变化。

变化的身份认同

我们常将女孩子喜欢红色，男孩子喜欢蓝色的行为气质认为是性别身份认同的表达。处于幼儿园时期的孩子们对色彩喜恶分明，男孩子选择红色玩具后会认为自己有些奇怪。然而就在100年前，1918年，美国的一本商业杂志上刊登了一篇文章，称：“一般而言，男孩使用红色，女孩使用蓝色。红色更为强烈决然，适合男孩，蓝色更优雅纤细，能让女孩更为美丽。”儿童对颜色的喜好偏差一直被认为是性别身份认同的一种表达，但实际上是文化的产物。

那么竞争心理呢？我们认为男性比女性更喜欢竞争。美国的经济学家尤里·格尼兹（Uri Gneezy）和约翰·李斯特（John A-List）的调查结果也和我们的常识相符。在竞争方式选择实验中，69%的美国男性和31%的美国女性选择竞争。以父系社会著称的马赛族中，50%的男性和26%的女性选择了竞争。而在卡西族母系社会中，只有39%的男性选择竞争，而有多达54%的女性选择竞争。母系社会中的女性主导文化赋予了卡西族的女性不畏惧竞争的勇气。可见，很多我们认为天经地义的性别差异都非与生俱来，而来自环境的塑造。

美国艾奥瓦州的一名叫珍·艾略特的教师为了将孩子们心中可怕的种族歧视粉碎，使用了一个充满智慧的方法。某日上课时间，艾略特将学生们分成了棕色眼睛和蓝色眼睛两组，并用在衣领上做上标记。然后，她不容置疑地对学生们说道：

“棕色眼睛的学生更优秀。”

于是令人震惊的是，此后棕色眼睛的学生们开始轻视戏弄蓝色眼睛的学生。一个棕色眼睛的学生甚至问艾略特说：“老师，你的眼睛是蓝色的，怎么能当我们的老师呢？”

第二天，艾略特说自己昨天弄错了：

“应该是蓝色眼睛的学生更优秀。”

此话一出，棕色眼睛的学生一下子士气低沉，蓝色眼睛的学生们欢呼了起来。这下情况完全改变，蓝色眼睛的学生开始以各种方式欺辱棕色眼睛的学生。

可见，身份认同的变化能够在转眼间发生。甚至在短时间内，这些学生身上发生了能力变化。在单词速读的活动中，优等组的平均阅读速度比劣等组的阅读速度快了两倍以上。劣等组的学生坦言：

“当我在劣等组的时候，似乎世界上所有的坏事都会发生在我身上。”

艾略特的实验不仅向我们揭示了偏见的可怕，也让我们见识到自我身份认同有多么容易确立或改变、周围的事物会对我们的自我身份认同产生多么大的影响。

不仅是儿童和青少年，成人也会迅速变换身份认同，为证明这一点，斯坦福大学教授菲利普·津巴多（Philip George Zimbardo）的研究小组做了一个实验。他们将心理学系的地下室装饰成了监狱，把一些成年人送入其中生活，并用扔硬币的方法将他们分为一半囚犯，一半警察。而实验仅进行了 6 天就不得不中止。因为原本正常的人们被自己分担的角色完全同化了，变成了彻底的囚犯和警察。只见参与实验的人们在监狱实验生活中将毕生接受的教育完全抛诸脑后。“囚犯”对“警察”心生憎恶，却因一心想要生存、逃跑，整日卑躬屈膝；“警察”在残暴的行为中获得快感，仿佛自己是真警察一般，殴打囚犯。既然成人的身份认同也可以在短时间内发生巨大的变化，那么为了读书，我们应当怎样改变自己呢？

难以达成的读书目标

我问大家一个问题。下列两个目标，你觉得哪一个下定决心后实现起来更难？

1.1 年读 50 本书；

2. 扔 300 次硬币，正面出现 200 次。

“1 年读 50 本书”是我大学时代的读书目标。我当时想，1 年有 52 周，其中留两周富余，剩下 50 周每周读一本书，这样安排读书生活应该没问题。但遗憾的是，在 30 岁之前，我从没有实现过 1 年读 50 本书的目标。虽然我可能记得不太清楚了，但我确实 1 年连 15 本书都未曾读完。

难道年度计划没有制订好？事实并非如此。我和妻子自 21 岁相识，至相携十余年结婚，这十余年每年年初都要和她一起制订全年计划，计划的重头往往是读书。然而即便如此，十余年来我却从来没有达成过读书目标。那么是什么原因导致我没能读成书呢？

其实读书并不简单。至于有何难处，我将在后面的“多读”篇中详细论述。总之，我虽然意志坚定地打开了书本，却除了漫画书和武侠小说之外，很难看下去其他书。有的书貌似读得很认真，读了半天往书角上的页码一扫，却发现只看了 50 多页。于是便会心想先休息一下再继续看，把书合上了。

书一旦合上，很快一周，甚至几周就那样过去了。过后再把书拿起来看时，上次读的内容已经想不起来了。脑子里仿佛空空如也，即便依然还有继续读下去的意愿，但是厌烦和困倦却不由得席卷而至。于是乎我再次将那枯燥的书合上，晃晃头打起精神，去找其他有趣的书读。

就这样，我每每制订了计划欲图执行，却每每半途而废。每到这时我首先想到的便是自责。

“我连这个都做不成吗？”

计划——尝试——失败，反反复复，我终于得出了如下结论：

“我果真是和书没缘分哪。我的大脑和读书八字不合。不过我为人处世还不错，还有点儿悟性，不读就不读吧。”

看着那 1 年读将近 100 本书的女朋友和周围的那些读书爱好者，我想：

“读书的脑瓜也是天生的，遗传基因的力量果然强大！”

曾经我是一个典型的“定式型思维”的人。计划一旦失败，我大脑中的 P3a 波就开始活跃，自我威胁出现，于是我开始自责，对自己失望不已。为了让自己不倒下，内心就开始梳理能够让“自我合理化”的、似是而非的理论。就会产生“读书好要有读书的脑瓜，我有我的局限”的想法。但 2007 年美国次贷危机暴发，经济危机来临之时，我对经济产生了非常浓厚的兴趣，第一次有了沉浸在书中的体验。在之后的 2008 年一年里，我读了将近 300 本书。从前我讨厌经济学原理课本里枯燥无比的数学公式，因而讨厌经济学，而那一年我竟然读了 300 本书，其中大部分书都和经济学相关！一开始纯属偶然，我被众人的狂热吸引，于是走进经济学的大门里转了一转，却没想到竟流连忘返了！

我曾经是个连一站地的路都不愿走的人。但有一次，我在西班牙背着 10 公斤重的背包，走了相当于往返釜山到首尔的 800 公里的路；在写几个字都累得不行的情况下，我却写了一本 400 多页的书。这段经历让我领悟到了很多。

“我不能给自己设定界限。只要脚踏实地努力，很多看似不可能的事情也能做到。”

在 30 岁前，我从没指望自己能做到 1 年读 300 本书，能走 800 公里，能写书，我根本没有对此类事情抱过丝毫幻想。因为我从来都认为我不是那种人。可就在不知不觉间，我从定式型人转变成为成长型人。可以说，我纯属幸运。

这莫非意味着获得成长型思维必须要有运气吗？是不是必须遭遇诸如经济危机之类的戏剧性事件，或者累得半死走 800 公里就能变为成长型人了？为了找寻答案，让我们再度来拜访德韦克教授。

心想事成

2007 年，德韦克教授通过实验求证，是否能够以中学生为对象进行成长型思维教育，以及教育结果如何。调查结果显示，虽然在小学定式型学生和成长型学生的成绩差异并不大，但在中学，定式型孩子的成绩会急速下降，并呈持续下降趋势。中学课程与小学课程有本质不同，要接触难度更大的课程，失败和受挫的可能性也更大，而定式型学生们会受失败和挫折的影响更大。

恐怕所有学文科的人都曾说过这种话吧：

“我不适合学数学。”

其实这句话我上中学的时候经常挂在嘴边。我选择文科也不是因为文科好，而是因为不喜欢数学。

德韦克教授将定式型学生分成了两组，对其中一组教以数学的一般学习方法，对另一组则教他们如何培养成长型思维。结果在意料之中。成绩提升的学生中，有 76% 接受了成长型思维教育。实验证实了通过教育可以有效地培养成长型思维。不过我对该实验中培养成长型思维的教育内容和时长更感兴趣。德韦克教授选择的教育内容如下：

> “你们的头脑不是固定不变的。头脑和肌肉一样，练习可以使之更有力量，所以认真努力能变得更聪明。请你们回想一下学过的技术和掌握的能力。然后再思考一下练习对掌握一项能力有多么的重要。任何能力都不可能在短时间内完全掌握，所以一定不要半途而废。”

这是对“脑的可塑性”的阐释。德韦克教授将大脑比作肌肉，让学生们知道通过练习可以变得更加卓越。就这样，他只用了一次讲话，用了两个小时的时间，就将定式型孩子的数学成绩提高了。

在下笔写这本书之前，德韦克教授的教育方法给了我很大的启发。如果诸位同我一般，在30岁前还满脑子“定式型思维”的话，那么不管接下来我倾注多少热情去讲述，也很难让我的读书之法在诸位身上起作用。我不希望大家读了我的书之后没有任何收获。

在本章再次论述“脑的可塑性”原因有三：

首先，强调以脑为中心展开论述的好处，从而引出普遍适用于所有人而不是某一个人的读书之法。其次，此后的各种读书方法介绍，都建立在“脑的可塑性”的理论基础之上。前期的概念整理便于全书内容的展开。再次，作为作者，我真心希望自己介绍的读书之法能有益于读者，而具备成长型思维是开展读书活动的关键。脑的可塑性是我们每个人都能具有成长型思维的实证。

我们的大脑具有可塑性。若认真钻研某一事物，脑的生理解剖结构就会朝着该方向变化。脑的可塑性揭示了我们每个人都能够调整自我认知、成为成长型人的生物学证据。

身份认同并非像紧紧黏在地面上的黑色口香糖印记，难以改变。正如萧伯纳曾经说过的：“生活的意义不是发现自我，而是创造自我。”身份认同并非是一成不变的事物本质。我们此时此刻的身份认同，就是我们此时此刻认知到的自我。认为自己是定式型的人的想法，就如同相信女孩本就喜欢红色、相信女性的竞争意识弱于男性一样，是一种错误的偏见。

此外，对自我的认知变化可在极短时间内发生。让我们回想一下有着不同颜色的眼睛的孩子们和监狱实验吧。我本认为如钻石般难以改变的自我认知，无须花很长时间就能彻底粉碎。在做德韦克教授布置的成长型思维作业时，有个叫吉米的学生，没有丁点儿学习的意愿。他哭着说：

“老师啊，我得做到什么时候，才能活得不跟个傻子似的呀？”

我曾经特别讨厌一句话，是亨利·福特说的，现在我认为这句话很有道理。

“无论你认为自己行还是不行，你都绝对是正确的。”

我们固然会因为制度、周围环境等客观因素，或基因上的缺陷而不能事事心想事成。不过在我们可控的范围之内，我们能够做到心想事成，如“1 年读 50 本书”之类的事。

那么我们能控制硬币的正反面吗？我们的“认知”能使出魔法，让硬币一直正面朝上吗？

在 2009 年的一项实验中，13 位市民在严格的实验条件下扔 300 次硬币，并被要求最大可能地扔出正面。这些市民们从未练习过扔硬币，而且规则还要求扔硬币的高度不能过低。然而出乎意料的是，13 个人抛出的正面次数都很多。其中 7 人的正面出现次数多得不可思议，其中一个人更是足足扔出了 200 多次正面。

扔硬币都能够心想事成，我们可以掌控的读书活动又有什么理由不心想事成呢？

Part 2

多读：多多阅读

“我们在阅读中成为自己。”

——马丁 · 瓦尔泽（Martin Walser），德国作家

我们如何才能拥有读书家的大脑？

答案就在问题之中。只需在读书这件事上熟练起来就行了。

若你已成年，并且是个菜鸟读书家，那么变熟练的第一步，必是“多读”。

Chapter 1 • 没有天生会读书的大脑

"万物需要在岁月中成熟。没有谁生下来就是贤者。"
——塞万提斯（Saavedra），文艺复兴时期的西班牙小说家、剧作家、诗人，代表作《堂吉诃德》

一生可供读书的时间只有 10 个月

10 个月。

这是以诸位现在平均 30 多岁、能活到 80 岁计算得出的一生可供读书的总时长。在余下的这 50 年里，诸位还将花费 13 倍于读书的时间（约 11 年）用在玩手机上，将花费 7 倍于读书的时间（约 6 年）在看电视上。还有一项事务我们将花费和读书差不多的时长，那就是如厕（约 11 个月）。

近期的一项读书情况调查显示，韩国成人的年平均读书量为纸质书 9.2 本，电子书 1 本，总计仅 10.2 本。

在我看来，读书情况调查数据不应该取平均数，应该取中位数。我认识的人当中，几乎没有每年能读上 10 本书的人，大部分人则几乎不读书，小部分人每年最少阅读 50 本书。这种分布恰如韩国的阶层分布——中产阶级正逐渐消失。若把 100 名读书人按一年读书量排队，恐怕排在中间的人一年根本读不到 5 本书。

也许正是因为读书少，所以大部分成年人都对自己的读书量不满意。对自己读书量满意的人只占调查样本总量的 10%，而不满意的人则高达 70%。当问及为什么认为自己应该再多读一些书时，70% 的人认为读书对学习和工作有益，读书量越多，对自己的帮助就越大。学历越高、家庭收入越高的人，越倾向认为读书的效用和读书量呈正比。那么既然我们都知道读书对人生有益、都对自己的读书量不满，为什么还不去读书呢？调查结果显示，人们的主要理由有时间不足、未形成读书习惯、其余活动占用时间等。倘若真心认为读书有益、认为自己的读书量不足，难道不应该挤出时间、培养习惯、将读书放在所有活动的第一位吗？

我再告诉你一个似是而非的借口。这是 30 岁前的我、那个虽然对读书有热情却一直失败的我，为自己做的“个人辩护”。

“我压根儿就没有读书的大脑”

大多数父母都希望自己的孩子读书速度快。知识和资本具有相似的属性，就像钱可以生钱，知识可以产生知识，具有“贫益贫、富益富”的特点。因此父母希望孩子尽快驶向知识的海洋之中，着急的父母从孩子三四岁就开始教他们识字。毕竟古代先贤 4 岁不到就能熟读四书五经了。而英国的神经科学研究学者乌莎 · 戈斯瓦米（Usha Goswami）教授曾以欧洲三组使用不同语言的 5~7 岁孩子为对象进行研究，结果出人意料：与 7 岁开始读书的孩子相比，5 岁开始读书的孩子反而对读书的兴趣度更低。这是为什么呢？

随着年龄增长，孩子们会自然而然地开始讲话，无须另行教育。但若不单独接受文字教育，极少有人能够自学成才。因此，进化心理学的巨匠斯蒂芬 · 平克（Steve Pink）称："与声音相关的部位，孩子们已经联结成线，发育完好；而文字是必须经过精妙地穿引整合才能完成的'首饰'。"

我们的大脑可以自如地连词成句型成语言，而不能自然习得文字。起初大脑中没有读书的概念。读书这一活动，对人类来说十分不自然。

读书并不是一个单纯通过视觉阅读文字的过程。在人类的精神活动中，读书可谓是最复杂的活动之一。20 世纪 80 年代，M.C 维特洛克（M. C. Wittrock）博士针对读书说明如下：

> "阅读文本时，我们不仅阅读单词的字面意思，还创造新的意思来促成理解。阅读文本的同时，我们启用包含了知识和经验的记忆，来构建文字与句子、段落和文章之间的关系，赋予文本以意义。"

可见，读书是将脑的多种信息源，尤其是将视觉和听觉、语言和概念的部分，与记忆和感情部分统筹结合的一个十分复杂的过程。而为了很好地统筹，脑的各部分应当有一定的成熟度。也就是说，脑的各个区域需要连接完好，合作迅速。相连的神经元以电信号为基础传递情报，当电信号传递过慢时，统筹功能就不能很好地完成。问题在于，脑的各领域成熟时间有一定的生物学规律，为了很好地读书，我们需要等待统筹功能完善，等待“那一天”的到来。脑神经纤维被一种名叫髓磷脂（myelin）脂肪成分环绕，髓磷脂可以使电信号在神经纤维上更快传递。大家可以将其看作是一种传导性能良好的铜线。然而在大脑各处，髓磷脂的成熟（髓磷脂化）进度不同，有相应的时间表。例如，听觉神经从妊娠 6 个月起开始髓磷脂化。因此一个人听到的第一个声音是水声，透过荡漾的羊水声，我们开始聆听世界。我们还会听到胎盘的声音，肠蠕动的声音和妈妈的血在子宫中流转的声音。我们主要听的是妈妈的声音，这也是我们理解胎教意义的一个角度。这些声音刺激大脑，在孩子成长阶段起着重要影响。而其余感觉神经在妊娠 6 个月时还未完成髓磷脂化过程。视神经在出生 6 个月后才能完成该过程，其他感觉和运动部位全部髓磷脂化需要到 5 岁以后。神经学者诺曼 · 盖希文（Norman Geschwind）称，读书这一脑协同活动所需的主要脑部位需要 7 岁以后才能完成髓磷脂化。

以上事实帮助我们理解了为什么 5 岁开始进行读书教育没有 7 岁开始效果好。5 岁的时候，脑机能还没有做好读书的准备。

这时候如果孩子努力尝试在父母的帮助下读书，却又总是失败的话，这段经历很有可能积累量变，导致孩子的心里充满了对读书的负面情绪。最终使得孩子丧失了读书的乐趣，从而导致其读书能力成长缓慢。但完成髓磷脂化是读书的前提条件，其并不意味着具备了把书读好的能力。

我们的遗传基因中有与语言相关的信息，却没有与读书相关的信息。换句话说，我们也许没有“为读书而生的大脑”。但大脑具有一项秘密武器，那就是脑的可塑性。虽然我们没有为读书而生的大脑，但大脑可以变为读书的大脑。那么，我们的大脑如何才能变为读书的大脑呢?

读书改变大脑

1930 年末，有个很善于经商的中国人，他能够完美驾驭英语和中文，并利用这一优势赚了很多钱。突然有--天，他感到一阵阵头痛。虽然头痛欲裂，但所幸睡一大觉起来之后痛感就消失了，像什么也没发生过似的。于是他睁开眼打开文件夹，开始审阅一份合作公司寄来的要约文件。

然而，他突然发现自己无法阅读自己读写了一辈子的母语——中文了。他根本不知道文件写的是什么。他惊慌失措，赶忙打开其他资料看，发现他还可以正常地阅读英语资料。他阅读母语的能力消失了，而读英语却没有任何问题。

20世纪的一位学者汉弗莱·基多曾说："最直接表达一个民族的精神的，是这个民族的语言。"而语言的结构，不仅影响抽象的精神结构，也改变人脑的物理构造。在使用英语、韩语等表音文字时扫描大脑，会发现脑的额叶、颞叶、后额叶、顶叶的延伸部位处于活跃状态，尤其是颞叶和顶叶周围活动明显。而汉字是表意文字，每一个汉字都是象征符号和图片的结合。因此在阅读汉字时，大脑的扫描结果与阅读字母时不同，负责物体认知的枕部和额部活动。在阅读字母文字和韩文时，活动区域只在左脑，在阅读中文时，左脑和右脑同时使用，这是一大显著差异。由此我们可以推断，是什么原因导致这个商人能够无碍地阅读英语、却丧失了阅读中文能力：他必定是右脑受到了损伤。

大脑不仅在阅读表音和表意文字时的活动区域不同，即便同是表音文字，在使用不同语言时，大脑活动区域也有微妙的差异。例如，英语使用者比意大利语使用者使用更多的与视觉形态呈现相关的脑部区域。这是因为意大利语单词与发音较为统一，而英语中有很多发音和拼写不一致的情况。

脑的变化与我们阅读的内容有直接关系。具备另一个大脑，也就意味着具有另一种精神活动和思考方式。

我们的思考方式和思考内容建立在我们以往从阅读得来的见识和想象的基础之上。因此，德国文学家马丁·瓦尔泽（Martin Walser）说："我们在阅读中成为自己。"作家约瑟夫·艾本斯坦（Joseph Epstein）说："写作家传记，应当详细记录他何时读了什么东西。从某种程度上说，人是他所读之物的反映。”

那么读书和不读书有什么区别呢？

读书会给我们带来什么样的根本变化呢？

读书家的大脑有何不同？

葡萄牙学者对某村居民进行了比较研究，试图发现文盲和非文盲之间的异同。研究结果显示，对文盲而言，单词由声音构成，他们无法理解将音节打破再组合这一概念。例如，他们无法将“birth”的“b”去掉后再发音。并且，当让他们跟读一些无意义的单词，如“benth”时，他们会将发音变形为与之相近的单词，如“birth”。

两组研究对象年龄达到 60 岁后，让其再次做前述实验，并扫描脑部，结果显示文盲用额叶处理测试题目，而能够阅读的人用颞叶处理题目。简而言之，在处理题目时，文盲派出了顶尖部队，而能够阅读的人则使用了秘密武器。

中亚的一项大规模实验显示，不能阅读的人不仅无法进行抽象的、逻辑性强的思考，还严重缺乏正确的历史认知和自我认知。

发展心理学者让·皮亚杰（Jean Piaget）发现，6 岁的孩子缺乏对事物分门别类的能力，9 岁的孩子则具备了分类的能力。那么孩子们 6~9 岁期间发生了哪些变化呢？《思考的时代》的作者金勇圭的观点是，虽然在这一时期脑神经没有较大变化，但一个与之相当的重要因素促进了脑能力的提升，那就是学校的读写教育。事实上，许多现代心理学者们都认为，文字对儿童的精神发展起着决定性的作用。

儿童（菜鸟读书家）和熟练的读书爱好者的大脑有何不同？

当儿童读书时，其脑部造影显示，大脑的活动程度高、活动区域广泛。儿童为了识别文字和单词并理解其意思，需要使用大脑的许多领域。并且他们理解文字时，使用的是传递信息速度慢、效率低的脊神经后根（运动性）。这意味着他们需要多消耗一些时间，以便组合单词中的音素和理解单词的多种含义。

但是，熟练的读书爱好者的大脑已经开辟了一种方法，能在眨眼间识别视觉信息、音韵信息和内在含义信息。这种信息处理方式使用的是脊神经前根（感觉性），效率更高。读书越来越熟练的话，就无须使用基础的两侧大脑活动体系，而转为单纯使用更加高效的左脑系统。

菜鸟读书家的大脑在为了对文字进行第一层理解而艰苦奋战之时，熟练读书家的大脑已经在构建良好的自动文字解读系统中完成了对文字的理解。并且在此基础之上，熟练的大脑已经开始整合隐喻、推论、类比、感情、记忆、背景经历等信息，为在更高层级上解读意义而活动了。这种“深度阅读”也使得读书家的智力水平更上一层楼。

世界著名发展心理学家、读书研究学者玛丽安娜 · 沃尔夫

（Maryanne Wolf）称：

“（赐给熟练的读书家的）时间这一礼物是能够‘不断展开奇思妙想’的生理基础。没有比花费大量时间在读书上更重要的事情了。”

没有为读书而生的大脑。这是我们大部分人读书困难的原因所在，也是读书读得好的人为什么少的原因。但即便大脑不是为读书而生，大脑创造了文字，并通过创造的文字改变着自身，从而得以进行更高层次的思考，最终提升了生存的概率。

我们如何才能拥有熟练读书家的大脑？答案就在问题之中。只需在读书这件事上熟练起来就行了。若你已成年，并且是个菜鸟读书家，那么变熟练的第一步，必是“多读”。

Chapter 2 • 泄露天机：1 年读 300 本书

"我们塑造了建筑物，然后建筑物塑造我们。"
——丘吉尔（Winston Churchil）

拥抱多读焦虑症

朴雄铉在《书籍是斧》中有如下一句话：

"我认为在读书时，需要摒弃多读焦虑症。如果有多读焦虑症，就会只选一些容易读、读得快的书去读。最好是从'今年读了几本书''读书是为了炫耀'这种想法中摆脱出来。就算 1 年读了 5 本书，也只有其中画线的部分有意义。画线的部分，正是我所谓有共鸣的地方。在我看来，有共鸣与否至关重要，数字没有任何意义。"

《书籍是斧》是一本经典读物。我特别喜欢这本书，精读了 5 遍以上，有数十处都划了线。即便这本书很有名、我很喜欢，我也不完全认同其中的观点。被誉为日本读书之神的松冈正刚在其著作《多读术是正解》中写道：

"'应追求质，而不是量'等话语乍一看很有道理，但这种建议没有任何帮助。我反而会劝大家追求量，而不是质。就算是不理解，也尽量快速地读过去。我想对大家说，不要去刻意寻找适合自己的书，就算是为了让自己显得很酷，也要读，要多读。"

我双手赞同松冈正刚的话，甚至更进一步：我强烈建议菜鸟读书家拥抱多读焦虑症。

从《书籍是斧》中引用的话来看，如果有多读焦虑症，就会只选一些读得快、容易读的书去读。但请大家回想一下周围的熟练读书家们：即便是大部头书籍，熟练读书家们也都读过很多。虽然读书多的人的一大特征是自我审视每年读了几本书，但他们还有一大特征，那就是无论何时都将对好书的渴望放在第一位。这种人反而会为读完大部头名著而倍感自豪。

菜鸟读书家应该怎样做？

菜鸟读书家也需要从一开始就读难啃的大部头吗？就算是我觉得完美的好书，如金勇圭的《思考的时代》（共 507 页）、加来道雄的《构想未来》（共 580 页）、贾雷德·戴蒙戴（Jared Diomond）的《枪炮、病菌与钢铁》（*Guns, Germs and Steel: The Fates of Human Societies*）（共 751 页）、斯蒂芬·平克的《人性中的善良天使》[①]（*The Better of Our Nature: Why Viotence Has Declined*）（1406 页）等，也不能凭个人的喜恶不负责任地推荐给想要从现在起好好读书的人们。如果我推荐了，大家十有八九翻开这几本书的前几十页，然后半途而废，反而使大家又多了一次失败的读书经历，让大家与书的距离愈发遥远了。出现这种现象，是因为菜鸟读书家的大脑现在还不能很好地适应读书活动。

我时常向想要培养读书兴趣的人推荐前文提到的《书籍是斧》。这本书以讲义的形式编写，读起来不费力，重要的是还很有趣味。这本书有 100 页左右，假若它有 450 页，我就不会推荐它了。

那么，如果有“读书是为了炫耀”这样的想法，应该怎么做呢？会不会显得很庸俗？其实，我们大多数人都很庸俗。戴维 · 布鲁克斯（David Brocks）的《社会动物》[②]（*The Social Animal*），马修 · 利伯曼（Matthew D. Lieberman）的《社交天性：人类社交的三大驱动力》（*Social: Why Our Brains are Wired to Connect*），E · 阿伦森（Elliot Aronson）的《社会性动物》（*The Social Animal*）被我称为是全面展现人类社会性的三大著作。我同时提及这三本书，是想告诉大家，炫耀的欲望是人类的本能。

我们不能忽视人类的本能。幸运的是，人类的大脑中有发达

---

① 《人性中的善良天使》已由中信出版社于 2015 年 7 月出版。——编者注

② 《社会动物》已由中信出版社于 2012 年 5 月出版。——编者注

的额叶，能够理解自己的本能并制订与之相称的策略。

为什么松冈正刚会说就算是为了让自己显得很酷也要多读书呢？这是因为即便是为了炫耀，只要能多读书，就是大好事。后面我会详细讲，我之所以能做到多读，就在于我战略性地利用了我庸俗的本能。那么读了很多书之后，大家真的会去炫耀自己读书多吗？不，大家基本上不会去炫耀了。

读书多的人，大多不会去炫耀读了多少本书，而会通过介绍好书来让自己更为瞩目。炫耀好书就相当于在炫耀读了这本书的自己。我想向这样的人鼓掌致意。同时，我会对他们说：谢谢你给我介绍好书，而你读了这么棒的书，你也很棒！

前面《书籍是斧》引用段落的最后一句“有共鸣与否至关重要，数字没有任何意义。”观点我也不敢苟同。不，我是觉得顺序颠倒了。“共鸣”很多，意味着深入阅读。要进行深度阅读，必须要有“熟练读书家的大脑”。而要拥有熟练读书家的大脑，必须要阅读大量书籍。

书籍完完整整地反映着读者的水平。对于1年只读5本书（每天12分钟）的人来说，要求他们有许多共鸣可谓是天方夜谭。

并且大家只要多读就会明白，读书还读得不怎么好的时候划下来的那些认为有共鸣的句段，等到日后再翻开时，其中有很多句子已经感受不到多少共鸣了。

甚至有一些书你在菜鸟时期认为它是著作，而等到读书多了之后，会认为它不值得一读。若你只有1年读5本书的读书水平，你绝对不会判断出自己这个共鸣是不是真的共鸣。

1 年读多少本书才算是“多读”？

我们要读多少本书才能成为“多读家”呢？其实没有一个确定的标准。从一项 2013 年的读书情况调查来看，成人将 12.5% 的休息时间用来读书，每年大约可以读 10 本书。我认为至少可以将读书时间延长一倍，这样的话 1 年至少能读 20 本书。不过这还远远称不上是多读。

不过我们仔细想想的话，除了休息时间外，我们可供读书的碎片时间非常多。通勤时间、吃饭时间、等人的时候，以及上厕所的时候都可以有效利用起来。以《北回归线》（*Tropic of Cancer*）闻名的美国小说家亨利 · 米勒（Henry Miller）曾说：“我的书都是在厕所里读的。”当然，我不是在劝大家如厕时要读书，总而言之，如果我们好好利用那些未曾考虑过的额外时间的话，就能有充分的读书时间了。一天投资 24 分钟，1 年就能读 10 本书，所以我们只要每天抽出 1 小时 10 分钟的碎片时间，每年就能读 30 本书。

如果我们能像比尔 · 盖茨那样，将休假的时间全投入到读书活动之中，也是个好方法。

在我个人看来，多读的“马奇诺防线”是 1 年 50 本书，约 1 周 1 本。虽然我多次重申，多读这一概念没有客观的标准，但从我个人的经历和现实中的时间表来看，不管再怎么忙碌，一周肯定能够读完一本书。并且我认为，如果每周都读书 1 本以上的话，就能够拥有一个熟练读书家的大脑。

青少年学生们如何多读?

这本书是站在成人的立场上讲述的。因为对大多数青少年学生而言，没有多读的必要。高中生面临着高考，可暂且不表，而且仔细算一算，韩国的中学生们1年的读书量大约在30本左右。他们比成人的读书量大得多。但是与弟弟妹妹们相比，他们就面有愧色了，韩国的小学生们每年约读74本书。韩国的学生们已经在进行“多读”活动了。不过这种多读让人感到有些郁闷：小学时还是读书狂人的孩子们，为什么长大成人之后就远离读书活动了呢？与儿童阅读相关的内容后面我会在“慢读”篇中深入阐述。总体来说，“多读”是专为成人准备的读书配方。

那么我们如何才能做到多读？下面我将讲一则故事。

为了读书，我使用了奥德修斯无意间传承下来策略。

固定在读书环境中

古希腊史诗《奥德赛》中讲，奥德修斯在特洛伊战争中为希腊立了大功，在他胜利回乡的途中发生了一件事。路上，他将海神波塞冬之子独眼巨人波吕斐摩斯的眼睛戳瞎并逃走，因而受到了波塞冬的诅咒，10年间历经了无数凶险。

奥德修斯遭遇了巨浪，在海中沉浮期间，于埃埃亚岛上遇到了魔女喀耳刻。1年后，他离去的那天，喀耳刻将如何避免海妖塞壬诱惑的方法告诉了他。海妖塞壬在周围全是暗礁的峭壁孤岛上唱神秘的歌，诱惑过往的船员。船员们被歌声迷惑后，便会走向毁灭，船只会触礁沉没，而他们则会掉入海中死去。她告诉奥德修斯，在经过塞壬岛之前，要用蜜蜡将船员的耳朵堵死，如果他真的很想听塞壬姐妹的歌声的话，就应让船员将他的身体绑在桅杆上。

奥德修斯想要听塞壬的歌声，于是对手下的船员命令道：

“用粗重的绳子把我捆在桅杆上。要是我命令或乞求你们把我放下来，就绑得更紧一些。”

听到塞壬的歌声后，奥德修斯哀求船员将其放开，但忠诚的部下们将他越绑越紧，最后大家都平安无事地通过了塞壬的岛屿海域。

奥德修斯的战略和 21 世纪的用语“助推”（nudge）很相似。助推是行为经济学的先驱凯斯 · R · 桑斯坦（Cass R. Sunstein）、理查德 · H · 泰勒（Richard H. Thaler）创立的概念，意为“用温和的方式介入并改变他人的选择”。其本意为“用肘轻轻推动”，让我们联想到在一定的环境下用手肘悄悄顶一下他人的特殊动作。我也是利用了助推的力量，得以进入多读的世界中去。

2008 年新年来临，我开始苦苦思考如何抵制诱惑、完成多读目标。思考结论为：“我要把我的身子固定在咖啡馆里！”

2007 年美国次贷危机爆发，我察觉到世界经济异常的征兆，对经济的关注度直线上升。之前我一直在看有关经济的新闻报道和企业年报，而这回我下定决心要实实在在地读一些经济类的书。但真正行动起来的时候，读书失败的阴影却一直在折磨我。此前我无数次地挑战读书目标，却都以失败告终；这次我虽然狠狠地下了决心，可似乎又失败了。我认为这次有必要重新制订一个新的策略：为多读设置特定场所。

首先，我决定不再相信自己。因为每次我的意志都会被“塞壬的诱惑”击个粉碎。所以这次我的点子是找个“特殊的场所”。这个场所一定不能是家。家里有电脑，而我喜欢打游戏，读着读着书肯定就会开始玩起来。图书馆则太安静了，我脑海中一下子就浮现出“下了班、吃了饭、来到图书馆、流着哈喇子睡、睡了醒、醒了睡”的模样。那到底应该去哪儿呢？

那时候还不像现在有很多普通的连锁咖啡店，尤其是男的一般不去咖啡馆这种地方。咖啡馆中大多都是一边喝咖啡一边交谈的知识分子，要么就是读书的女生。

“那里女人很多！……”

彼时我未婚，虽说对现在的妻子也就是当时的女友一片丹心，却也依然是一个血气方刚的青年，这种女人多的地方对我是个巨大的刺激。在咖啡馆累了会睡觉吗？在女人的可视范围之内，我就有无限大的动机帅气地展开书本读书了。对，没错，我就是个俗人。正如松冈正刚所言，我为了“看上去很酷”，将咖啡馆定为了我的读书场所。

那时，我每天下班回到家之后，就会拿上一本书，向着咖啡馆走去。咖啡馆里还卖面包，所以晚饭也大多在那里解决了。基本上店里就只有我一个男的，所以我的清醒程度也就突破了天际。我的读书量达到了经济学家的程度，基本上一天能读一本书。

当然，一开始有好多次觉得书太难想要合上，也常常想要打盹，内心一隅有个塞壬的声音一直在说“就读到这儿吧”，总是要被她降服，但我感觉到周围有很多女生在监督着我，所以这些困难我全都克服掉了。就在反复克服困难的过程中，我慢慢地养成了读书家的习惯。字典中“习惯”的定义是“反复进行而自然固化的行为”，但我想换一种方式解释。所谓习惯，就是如果不做特定行为，就会产生异常情绪的状态（据专家说，一种行为反复进行约 66 天即可形成习惯）。

朝鲜近代史上著名的独立场运动家安重根义士曾言：“一日不读书，口中生荆棘。”我自从养成了读书的习惯，才理解了这句话。如果我一天不读书，就会觉得心里不踏实。这不是大脑的“认知”，而是真实的“感觉”。

哲学家大卫 · 休谟（David Hume）说：“理性是激情的奴隶，并且除了服从激情和为激情服务之外，不能扮演其他角色。”心理学家乔纳森 · 海特（Jonathan Haidt）十分同意休谟的这句话，并有如下比喻：“理性是骑手，而情绪是大象。”骑手（理性）偶尔可以掌控大象（情绪），但大象一旦开始动，骑手也无可奈何。可见情绪的力量对行为的影响之强烈。所以说习惯是很可怕的。

当经济类图书阅读量突破 100 本后，我渐渐就能评价书籍的好坏了，并且最重要的是我的读书速度变快了许多，就好像在读书活动中使用了加速度一般。就这样 1 年过去了，我生平第一次 1 年读了 300 多本书。

这下，我的大脑变成了读书的大脑。可塑性是指固体发生特定的转变、而不轻易变回原样的性质。变为“读书的大脑”之后，我进入了不读书就难受的状态。第二年，我结了婚，并开始着手几处生意，1 年之内还是读了 200 多本书。现在我已成为两个孩子的父亲，与从前相比能够读书的绝对时间少了很多，但依然保持着每年 150 本以上的读书成绩，按部就班地进行阅读活动。

不过，这种策略是否只在奥德修斯和我的身上行得通呢？

心理学家托德 · F · 海瑟顿（Todd Heatherton）和派翠西亚 · 尼克尔斯（Patricia Nichols）的研究显示，人生中发生成功变化的人中，有 36% 是和“新的场所”有关。而为了变化而搬至新场所，最后却失败了的概率只有 13%。并且，为了取得成功转变而利用合适场所的人之中，有 90% 转变成功。

说到底，我们如何多读呢？首先，我们要具备成长型思维。我们的大脑一生中都在变化成长。生下来的时候，我们的大脑不是读书的大脑，读起书来很费劲，但已经具备了成为读书的大脑的能力。其次，我们不要设定“我怎样才能 1 年读 50 本书”的界限。只有当不给自己设限的时候，我们才能在 12 分钟内吃掉

50个热狗。回想一下“读我”篇的内容吧。我们的思考方式可以瞬间发生改变。

我们完全可以通过自我意志实现思维方式的转变。

精神武装过后，我们就要进行实践了。但在实际行动的时候，我们不能一味地相信自我意志。让我们想一个只能读书、至少是能把书读好的环境吧。咖啡馆、地铁、图书馆、公园，任何地方都行。或者到别的小区里，去一个与平时环境氛围不同的地方也可以。如果有恋人的话，可以和他/她一起物色一个新鲜的地方，一边谈恋爱一边读书也很不错。周末或假期每人带上一本书，到大自然里读书也很美妙。也可以加入读书会，和喜欢读书的人们聚在一起阅读。

总是，大家要想一个和自身最契合的环境。然后在形成习惯之前，将自身绑定在你的专属环境之中。此后，如果你不读书，就会有“口生荆棘”之感，这就是读书的大脑赐予你的礼物。

从“系读”开始

物理学家艾伦·索卡尔向以后现代文化研究为中心论题的学术杂志《社会文本》上投递了自己刚刚完成的论文。论文题目为《跨越界限：通往量子力学重力理论的转换诠释学》，论文与从用量子物理的语言体系中衍生出来的文化发明产物——社会构成主义的论调相同，文章极为艰涩难懂。

该论文最终被刊载于该学术杂志上。然而该杂志却因此而颜面扫地，因为索卡尔的论文其实是捏造的虚假论文。据他本人称，他想试探一下杂志编辑会不会把这篇看起来还像回事儿的、观点符合该杂志口味的论文，不加分辨地刊载，于是开了个玩笑。索卡尔投递的这篇论文，因与该期刊的主题相符，又非常晦涩难懂、高深玄妙，看起来的确还不赖。

大家可以嘲笑该学术杂志的编辑人员，但我不会。因为这些编辑者恰如我一般。之前我也曾提到过，在我才开始认真读书的时候，我曾挑选出了许多名人佳作，而之后我再去翻看我的清单时，里面有很大一部分书，我希望大家不看为妙。

正如索卡尔曾经说过的，我之所以当初认为那些书是名著，是因为，第一，我带有很深的偏见；第二，这些书看起来像那么回事儿。法国哲学家帕斯卡尔（Biaise Pascal）说："不要害怕无知，要害怕虚假的知识。"我曾无知无畏地被虚假的知识迷惑。

但帕斯卡尔的这句名言也只说对了一半。我能从之前阅读的虚假知识中跳脱出来，也是因为我"惧怕无知"。无知就无法判断哪些是虚假的知识。那些在1年读5本书的情况下产生的共鸣，会让今后的自己羞愧痛哭。正因如此，我们经常在一些熟练读书家的文章中看到"告解"，后悔自己早年的轻率和无知。

我们该如何应对虚假知识呢？答案正如松冈正刚所言："多读术是正解。"在多读的基础上，我向大家推荐"系读"。所谓系读，就是先确定某一领域或主题，大量系统地阅读其系谱上的书籍。例如，从大的范畴讲，我曾系读过经济、营销、心理学类的书籍。

当然，大的范畴之内还有细分主题，也要分类深入系读。在准备读书之法讲座的同时，我广泛涉猎了与读书之法相关的几乎全部书籍；在准备这本书的时候，我将市面上大部分写得比较好的脑科学书籍从头到尾仔仔细细看了一遍。像这样，阅读数十乃至数百本特定专业或主题的书籍后，你就能成为该领域的“准专家”了。达到该水平后，就总算能够鉴别出那些伪装成真理的虚假知识了。你就可以看出哪些畅销书是绣花枕头，哪些专栏是专家的废话，哪些热门回复愚蠢得让你难以忍受。集中系读对大家来说是非常有帮助的。

如果诸位是菜鸟读书家（成人）的话，我建议在进行系读之初，绝对不要从大部头书籍开始阅读。初期一定要从内容简单、篇幅短小的书籍开始着手。

我们的大脑已经做好了说话的准备，却完全没有做好读书的准备。所以，较之其他任何领域的活动，我们更难在读书活动上取得成功。不管专家们如何竖着大拇指推荐大家阅读某部名著，大家也不要忙着心动。我建议在读书的“习惯”养成之前，大家不要去挑战超过 400 页以上的书籍。

从哪个领域开始系读比较好？

世界著名畅销书作家美国人罗伯特 · 格林（Robert Greene）

在《权力48法则》(*The 48 Laws of Power*)中提到，历代伟大之人都对某一领域具有强烈的欲望，并对其所关注的领域具有强烈的执念。换句话说，对特定主题的强烈偏爱使得他们成了大师。因为有坚实的内在动机作支撑，所以增加了他们成为大师的可能性。

不过，罗伯特·格林认为这种对特定领域的强烈执着，是由基因决定的、与生俱来的特性。也就是说，每个人生来喜欢的东西不同，而向着喜欢的东西不断探索的人，最终成了大师。

问题在于，许多人并不知道自己真正喜欢的东西是什么。因此，罗伯特·格林的观点虽然看上去很正确，但对那些一开始没有对某一特定领域有兴趣的人来说，帮助不大。

对菜鸟读书家来说也是同理。因为如果某人已经对某一领域有很强的执念的话，那么他很可能已经越过了菜鸟读书家的阶段。他应该已经经历过找寻资料大量阅读的过程，成了大师。因而我在这里向大家介绍两种选择系读领域的方法。

第一，不要想太多，直接选择与自己的职业或专业相关的领域阅读。

在现实中，大多数人的职业和专业都和自己心中真正感兴趣的领域不同。但是不管怎样，我们当下必须将大量精力放在自己的职业和专业上。专业和职业需要是强烈的外部动机。在李泳禧教授的自传《对话》中，我们可以看到如下一段话：

“在突然跳转职场环境后，我要和其他人直接竞争、对等交流的唯一路径，就是读书——读得比他们多、读得比他们好。因此，我虽然读书目录范围扩大了、分类也并不精细，但我还是将其分为了几大块。第一类是工作需要的国际政治和国际关系相关的资料、信息、论文和书籍；第二类是与帝国主义历史、殖民地解放斗争、社会革命，以及社会主义理论及其实际情况相关的书籍；第三类涉及的内容更直接具体，各个大陆的少数国家正在进行革命，所以我读的主要是与其革命特殊性相关的信息和现实情况；第四类是有助于理解社会主义、共产主义的书籍，该主义下的社会以当代人类的新生存范式出现，曾被期待为‘未来的社会’；第五类是围绕着压抑和抹杀着人类未来的两大霸权国家——老牌资本主义国家美国和新兴霸权国家苏联的体制和政策进行阅读。另外，与上述所有大类都相关的国际法、联合国等国际性组织、近现代外交史、战争史、反映当时东西阵营的军事及军事战略特征的内容，甚至是某种武器的深度报道、相关知识以及其他必要的信息、资料和文书，我都有所涉及。”

为成为一名真正的记者，在当时很多人不愿服兵役、而喜欢走学术研究坦途的风气中，李泳禧教授利用在军队的 7 年时间，以不服输的竞争精神，进行了有计划、有针对性的读书。

从引用文字中也可以看出，他曾经系读过与自身工作相关领域的书籍。

我认为对第一次尝试系读的成人而言，李泳禧教授是最佳的学习典范，其系读案例很值得我们参考。他对所从事的领域有一些兴趣，而且起码成功进行过有深度的系读，所以从此处着手开始阅读能够一下子成功。从专业入手也可以。我看身边的一些大学生们，很少有人广泛系读过与专业相关的书籍。当然我上大学的时候也是一样。不过，从现在开始读起来，就不晚。

如果你对自己的工作和专业不感兴趣的话，可以在看报纸或新闻报道的时候选择一个对自己有吸引力的主题，从该主题入手系读。我就是这样找到系读主题的。在美国次贷危机事件爆发后，我想了解更多，于是以此为契机陷入了经济领域之户。再举个相似的例子，最近叙利亚内战导致欧洲难民问题日益凸显，如果你很关注该问题，就可以围绕该主题更深入地去了解，从战争史、世界史或者国际关系等方向入手。或者近来很流行下厨，大家可以阅读一些关于烹饪的书籍，如烹饪方法、美食历史、食物与健康、世界美食等等。

最近一段时间我一直在思考，虽然罗伯特·格林的观点不一定适用于所有人，但似乎确实有一定的道理。

因为在系读了多个领域的书籍之后，我确实发现自己有特别喜欢的领域。现在我最喜欢的领域是脑科学、认知心理学和行为经济学。科学、心理学、经济学三个领域看上去完全不相关，事实上却联系紧密。

我是以美国经济危机为契机开始读书的，而且在读书的过程中又找到了甚是偏爱的领域。如果大家也能系读多个领域、多种主题的图书，肯定也能遇见自己热爱的东西。

不过，在多读方法中，不仅有能让一个人变成大师的系读之法，还有让大家的读书境界提升一个层次的另一种方法——泛读。

特辑 1　适合初学者的多读书单

选择标准：

1. 教科书式的入门书籍不入选。我认为这种入门书籍单看封面就能识别，所以不需要我再列出来了。不过我还是列了两本经济管理类的入门书，其实不管从哪个领域入手，入门教科书都是不错的选择。但大家没有必要将其完完整整地吃透。因为入门书籍虽然浅显易懂，但内容繁杂，过于全面。大家可以将其当成参考书使用，先粗略地看一遍，日后有需要再找出来翻阅。

2. 不论多好的书，超过 400 页的不入选。以我个人的经验出发，对菜鸟读书家来说，400 页以上的书是难以翻越的峭壁。要是大家挂在峭壁上进退两难，最后会离书籍越来越远，倒起了反效果。

3. 不仅仅选择内容简单的书籍。我挑选了一些内容优秀、文字有趣味性、读起来通俗易懂的书。

4. 从自己熟悉的领域中挑选。

初学者多读目录：

读书：《书籍是斧》《书呆子》《读书人》

写作：《柳时敏的写作讲座》《总统写作法》

自我开发：《瞬变：如何让你的世界变好一些》

创造性：《让创意更有黏性》[①]《伟大创意的诞生：创新自然史》

① 《让创意更有黏性》已由中信出版社于 2014 年 1 月出版。——编者注

企业管理基础：《企业管理演奏会》

商业战略：《运筹帷幄》

领导力：《胡萝卜加大棒并不管用：创建尊重文化》《选择成就卓越》

销售：《全新销售：说服他人，从改变自己开始》

营销：《引爆点：如何引发流行》[①]《疯潮行销》

幸福：《幸福之源》《快乐花钱的智慧》

抉择：《果断：如何做好选择》

育儿：《儿童成长报告》《宝宝的悄悄话》

学习 & 教育：《如何学习》

认知心理学：《看不见的大猩猩》

脑科学：《大脑：1.4 千克的宇宙》

投资：《随机致富的傻瓜》《把钱滚起来》《与巴菲特共进午餐》

金融技术：《挣工资的富翁》《你不知道的 28 种金融技术》

经济基础：《柳时敏经济学咖啡馆》

经济学史：《富人经济学，穷人经济学》

行为经济学：《明智行动的艺术》

宏观经济学：《文明的代价》

汇率：《韩元的未来》

房地产：《房地产的终结》

① 《引爆点：如何引发流行》已由中信出版社于 2014 年 4 月出版。——编者注

特辑 2 初学者“系读”实战指南——市场营销新手怎么读?

1. 热身

出版社经常会出版各个领域的系列入门书籍。热身阶段的主要任务是打基础、熟悉典型的市场营销案例，所以抱着热身的心态放松地看书就行。参考书目：

- 营销案例、常识辞典类图书
- 《现在开始学营销》

2. 阅读经典

涉猎有代表性的经典书籍。当然，经典并不意味着其内容非常优秀。因为出版时间过早，书中有一些案例会过时，或从现在的角度来看案例并不恰当。但这些书的核心观点依旧鲜明有效。如，《22 条市场营销黄金法则》和《定位》的核心论点是“市场营销不是商品的战争，而是观念的战争”，《引爆点》的 3 个因素是“个别人物法则，附着力因素，环境威力”，《免费力量大》的“引人注目：是否能成为谈资？”的概念等，都是市场营销领域永不过时的命题。参考书目：

- 《22 条市场营销黄金法则》
- 《定位》
- 《引爆点：如何引发流行》
- 《免费力量大》

3. 阅读优秀的理论书籍

阅读最新出版的优秀市场营销理论书籍，大家要经常去书店搜罗，不过我要推荐的不是大部头的理论书。我认为，除非是要拿市场营销的学位，否则就不要去碰管理经营领域的大部头，因为大部头的很多内容都已经过时了。参考书目：

- 《疯潮行销》
- 《小就是大：引发重大影响的小变化》系列
- 《品牌洗脑》①

4. 跟上趋势

卓越的营销源于对趋势的正确把握。即便你要颠覆趋势，也要先知道什么是趋势。每年，都有许多以“趋势”为关键词的书籍问世。尽量把这些书都读一遍。为了理解趋势，需要每天看新闻。还有一项东西是必须要看的，那就是好的市场分析报告。参考行业资料：

- LG 经济研究所的报告：市场、趋势，以及自己所从事职业的行业报告；
- KT 经济研究所（digieco）的报告：梳理过的信息通信技术领域的高级情报和最新趋势；
- 各证券公司出具的产业分析报告：很多洞悉你所从事领域的惊人分析预测。

5. 理解人类的心理和行为

做市场营销必须理解人的心理和行为。虽然在营销理论书籍中已经从营销的角度对人类的心理和行为进行了分析阐述，但还是有必要进行更广泛深入的理解。社会心理学和行为经济学方面的书籍有很大助益。参考书目：

① 《品牌洗脑》已由中信出版社于 2016 年 7 月出版。——编者注

- 《人类，社会性动物》
- 《你为何沉溺于快乐？》
- 《思考，快与慢》①
- 《瞬变：如何让你的世界变好一些》
- 《正能量：Rip It Up》
- 《怪诞行为学》系列②

6. 发现创意

创新是市场营销的生命。从有关创意的书中汲取营养。参考书目：

- 《让创意更有黏性》
- 《伟大创意的诞生：创新自然史》
- 《创新的艺术》
- 《创新自信力》
- 《书籍是斧》
- 《天才的火花》
- 《创造性思维》

7. 逐个击破不同媒介

市场营销在各种媒介渠道上都有用武之地，若没有对各媒介的深入了解，就无法进行有效的营销活动。博客、脸书、微信朋友圈等媒介的传播特点不同，所以，我们必须找到最适合各个媒介的市场营销方法。我们需要去寻找与自身情况相符的、有助于展开营销实战的书籍。

① 《思考，快与慢》已由中信出版社于 2012 年 7 月出版。——编者注

② 《怪诞行为学》系列已由中信出版社于 2010 年 9 月陆续出版。——编者注

有“赛事营销”“网络营销”“营销写作”“事件营销”“社交营销”“高级营销”“时尚营销”“游戏营销”“B2B 营销”“国际营销”“艺术营销”“药品营销”“品牌”“蓝海营销”“O2O”等相关关键词的书籍需要我们去逐个击破。

Part 3 泛读：多样阅读

“人不应追求丰富地拥有，而应追求丰盛地存在。”

——法顶禅师，自然主义思想家与实践家，
著有《活着，就要幸福》

所谓泛读，就是不限于某一主题或题材，广泛多样地阅读。

泛读可以给我们带来三种变化：

让我们变得更苛刻（更具批判思维），更荒诞（更具创造力），更谦逊（更具世界视野）。

Chapter 1 · 通过泛读使自己变苛刻

"所谓教育，就是一个人把在学校所学全部忘光后剩下的东西。"
——爱因斯坦

谁能在首尔大学拿 A+？

"假如你和教授的观点不一样，而你认为你的观点似乎更正确。而你不确定在考试或作业中表达出自己的观点后能否得到 A+。这时候你会怎么办？"

接受提问的 46 名学生中有 41 名表示会放弃自己的观点。韩国教育改革研究所所长李慧贞在《谁能在首尔大学拿 A+？》一书写道，首尔大学学生们的回答让她备受刺激。因为，那些将要放弃自己的 41 名学生，是首尔大学出类拔萃的顶尖学生。

李慧贞所长以"韩国最高学府首尔大学的优等生如何学习"为课题进行了一项研究。有 46 名大二、大三的优等生自愿参与研究，并接受了深入访谈。另有 1 213 名普通学生接受了问卷调查。该研究旨在比较优等生和普通学生之间的异同。

首尔大学以培养时代的领袖为己任，以培养学生的批判思维和创造思维为目标。因此我们推断，那些所有科目都拿 A+ 的优等生们，一定具有最高水平的批判思维和创造思维，但李慧贞教授的研究结果却让我们看到，事实并非如此。

研究从输入思维、批判思维、创造思维三方面考察学生的思考力。所谓输入思维，是指毫不怀疑地接受所学内容，并理解背诵，在考试中正确回想的能力；批判思维，是指质疑所学内容，用自己的观点再解读的能力；创造思维，是抛开所学内容，想出新东西的能力。

对首尔大学本科生的调查结果显示，64.2% 的学生认为自己的批判思维比输入思维差，69.9% 的学生认为自己的创造思维比批判思维差。调查数据还呈现出了一个奇特的规律：学分点越高的学生，越认为自己的批判思维能力和创造思维能力比输入思维能力差。

并且，对优等生的深入访谈结果显示，他们能清楚地认识到其他学生的创造思维能力和批判思维能力比自己强，并认为问卷调查的可信度高，别人确实比自己强。

首尔大学到底怎么了？

一般，人们为了追求学习效果，会去做整理笔记的工作。不过，首尔大学优等生们的做笔记方式很不一样。有 87% 的优等生会将教授的讲述完整地记录下来。之后，他们会把笔记整理得条理分明、逻辑清晰。但问题是，他们的努力方向绝对不会超出教授讲授的内容之外。因为只要按照教授的讲义去做，就能得到最高的分数。

反观美国密歇根大学的学生们，只有不到 40% 的学生认为自己的批判思维能力或创造思维能力比输入思维能力差。值得注意的是，随着年级的升高，这个比率渐渐升高。他们之中不但很少有学生将教授的讲述原封不动地记下来，而且他们的记笔记方式和学分点之间也没有任何关联性。李慧贞教授的结论如下：

> "首尔大学的学生们不愿对教授的讲述提出异议，而是想尽可能吸收老师的教导；而密歇根大学的学生们，则努力想要与教授想法不同，甚至超越教授。"

这并非是首尔大学学生的过错，若非具备较强的输入思维能力，他们将很难在学校获得好成绩。所以说他们这么做只是在适应大学的环境。

不过问题是，这些输入思维能力强过批判思维能力和创造思维能力的学生们一旦走出学校进入社会，会发生什么？

批判思维和创造思维

• 饥饿的猴子实验

实验人员在一个笼子中央竖起一根长长的杆子，上面挂一把香蕉，然后将 4 只饿了两天的猴子放进笼子中。饥饿的猴子们一看到香蕉就疯狂地往杆子上爬，这时实验人员就往猴子身上喷水。猴子们只得后退，纷纷从长杆上下来。尽管肚子饿得咕咕叫，它们也只得眼巴巴望着香蕉。

第二天，实验人员移走了4只猴子中的两只，又放入了两只饿了两天的愤怒的猴子。新来的猴子一看到长杆上的香蕉，就疯狂地往杆子上爬，但之前一直待在笼子中的猴子们却强行将它们从杆子上拽了下来。这样的话4只猴子都不会被浇成落汤鸡了。

第三天，最开始被放进去的两只猴子被移走，又放入了两只饿了两天的新猴子。这些新来的看到香蕉也红着眼往上冲，但在笼子中的两只旧猴子拼命拦下了新来的家伙们。

这里需要注意的是，第三天笼子中的旧猴子，实际上都不曾直接被实验人员喷水，也没有看到过其他猴子被喷，只是被其他猴子拦下而没能吃到香蕉。这些猴子完全不知道会被水喷，却依然会阻止新来的猴子吃香蕉。其实，实验人员在第三天根本就没有准备喷水装置。若猴子们努力攀爬杆子去吃香蕉的话，肯定能够吃到。但现在，即便它们不再受到水喷的威胁，也没有哪只猴子去吃香蕉。因为猴子的笼中世界有了一个规矩。在第二天，这是个能够避免被水喷的好规矩，但到了第三天，这变成了个坏规矩。

若所有新进入笼子中的猴子全都秉持这种输入思维的话，会发生什么呢？这个坏的规矩会永远地继承下去。为了打破这个坏规矩，我们必须要怀疑现有的知识。我们不能屈服于权威，而要将权威的话当成是笼中之猴的阻拦，相信它们有可能是错误的。最后，当一只具有出色的批判思维的猴子，觉得规矩可能有误，勇敢地站出来挑战权威之时，猴子的世界才会变得更加精彩。

人类世界与猴子的世界有什么不同吗？推动时代脚步的规矩由来已久，在历史上支持者众多，聚合社会群体的知识受当权者推崇。从这一点来看，输入思维对权威人士来说很安全。

而批判思维与大众的观念相悖，与权威对立，看似充满了危险。因此在批判思维下勇敢尝试，很可能致使自身地位丧失。

可综观人类历史，我们会发现没有批判思维就没有进步发展。在哥白尼“地球绕着太阳转”的“日心说”问世前，托勒密“地球是宇宙中心”的“地心说”统治了欧洲天文学界 1 000 多年。虽然两个学说间相隔千年，但始终有人在保持着怀疑、批判、求索精神，让我们能够离真理更进一步。因为有爱因斯坦对牛顿（Isaac Newton）力学的探究之心，才会有相对论的诞生；而在爱因斯坦这位学界泰斗的持续攻击之下，量子力学却也绝不屈服，坚强地存活了下来，如此才有了让人类社会无比丰富多彩的电子工程学。

• 飞行员实验

看过了猴子实验之后，再让我们看一个飞行员实验。第二次世界大战时，科学研究人员受美国空军委托，开发了一套判定飞行员危急应对能力的心理测试。测试题目是“你坠落在了敌后方，需要想尽一切办法逃脱并返回我军阵营，你该怎么做？”之类的问题。

科学研究人员通过测试，检测飞行员的收敛性思维和发散性思维能力。收敛性思维是集中精力于一点的思考能力，在有操作指南的前提下，收敛性思维能力强的军人，按照指南完成任务的可能性高。发散性思维是综合多方因素，展开更复杂思考的能力。测试结果显示，发散性思维能力强的飞行员，获得的分数更高，他们运用想象力和应变能力，想出了多种从敌方阵营中逃脱的方法。

收敛性思维和发散性思维可以与首尔大学研究中的输入思维能力和创造思维能力类比。收敛性思维或许可在没有危机的日常生活中发挥作用，而当遭遇意外危机、陷入充满变数的情形之中的话，收敛性思维反而会起到反作用。新的情形下需要新的想法，需要有创意的思考。在急剧变化的世界中，产出最多附加价值的，全都是创意性思维的副产品。

在看了有关首尔大学学生的研究之后，我为这些学生忧虑：他们未来很有可能成为引领韩国前行的时代领袖，但因为他们的批判思维能力和创意思考能力比输入思维能力要差，他们将无法为国家带来变化和改革。

综观韩国教育，我们发现，这种批判思维和创造思维的缺失不仅仅存在于首尔大学。发展心理学家让·皮亚杰曾说：“教育的主要目的是培养能够创新的人，而不是制造不断重复过去的人。”

但没有人批判我们韩国的老师、教材编写专家、考试出题委员口中所谓的知识，更没有人去接受能产生新思想的教育。

那么，我们如何培养批判思维和创造思维呢？首先，我们需要转变教育方式，仅凭一己之力是无权也无力改变韩国的教育。那么我们应该怎样做呢？我认为通过多读就可以转变自我的教育方式。

多读有两种：一种是系读，大量阅读特定主题或领域的书籍；另一种是前面提及的“泛读”。所谓泛读，即不限定于某一主题或体裁，广泛阅读书籍。泛读可以给我们带来三种变化，让我们变得更苛刻（更具批判思维），更荒诞（更具创造力），更谦逊（更具世界视野）。首先让我来告诉大家我是如何通过泛读变得更苛刻的。

名家名作，要苛刻审视

“我要做韩国的马尔科姆·格拉德威尔。”读过世界级畅销书作家马尔科姆·格拉德威尔的书后，我也想成为他那样的著名作家。当然，马尔科姆的书中也会有些错误，但他的叙事引人入胜，文章编排能力过人。他的书中处处流露出尝试打破禁锢和偏见的独特洞察力，足以成为我写作的榜样。

格拉德威尔曾是一名记者，通过《引爆点：如何引发流行》（*Tipping Point: How Little Things Make a Big Difference*）一书，

他成了备受美国人喜爱的社科作家。这本书揭示了社会潮流的产生发展，不仅给研究社会现象的人以启示，也给予众多企业家、营销人员各种灵感。书中的多个章节都很有趣，我尤其赞同他对基蒂·吉诺维斯案件的解读。

• 吉诺维斯案件和《引爆点：如何引发流行》

1964 年，纽约发生了一起年轻女性死亡案件，死者名叫基蒂·吉诺维斯，该案件是有史以来最令人齿寒的案件。该女子在大街上被罪犯袭击了 3 次以上，第一次被刺后，她逃跑未果，继而被强奸，再度逃跑时被刺身亡。案件经过令人震惊，而经《纽约时报》报道后，市民们更是被案件背后的真相震惊了，因为，此案件足有 38 名目击者。

《38 名目击者：吉诺维斯案》（*Thirty-Eight Wintness: The Kitty Genovese Case*）的作者阿贝·罗森塔尔（Abe Rosenthal）在报道中说：

“没有任何人能够解释清楚，为什么在吉诺维斯遭受多次袭击期间，38 名目击者中无一人拿起电话报警。……但事实上，他们的冷漠正是大都市多样性的一部分。这种冷漠大概是他们生存的必要。……对邻居及他们苦痛的漠视，是在纽约生活的一种条件反射，在其他大都市也是如此。”

你或许会认为罗森塔尔的解读很中肯，给了城市的冰冷一记炽热的教训。然而，马尔科姆却要给这份炽热泼上一盆冷水。

哥伦比亚大学的毕博 · 拉坦内和纽约大学的约翰 · 达利在一项实验中，让一名学生假装癫痫发作。当隔壁房间只有一人的时候，该人跑来帮助的概率为 85%。但当人们认为除自己之外还有 4 人听到癫痫发作的声音时，他们跑来帮助的概率只有 31%。这表明，当人们以团体形式聚集时，责任感会被稀释。由此可见，在吉诺维斯案件中虽然有多达 38 名目击者，但却没有一人报警，是因为目击人数多，大家都认为其他人会报警，最终导致没有任何人采取任何行动。

我在阅读这一部分时，领悟到了案件的复杂性，在不同情境下人类的行为会发生意想不到的变化。

而不久后，我又在其他地方与这一案件相遇了。

• 吉诺维斯案件与《魔鬼经济学》

经济学家史蒂芬 · 列维特在《魔鬼经济学》中详细追踪了吉诺维斯案件的始末，发现人们其实并不了解这一案件。警察说犯人对吉诺维斯进行了 3 次袭击，媒体就将警察的发言原封不动地报道，人们也就如此认知，但实际上犯人袭击了两次。并且，警察原本称有 6 名目击者，而随着案件在人们口中传播，目击者人数激增至 38 人。

让我们再进一步深入案件。第一次袭击发生于凌晨 3 点 20 分，发生地在路边，距离公寓有一定距离。即便吉诺维斯高声尖叫，似乎也很难惊醒沉睡的人们，并引得他们开窗查看；即便有人开窗一探究竟，路灯昏暗，他们也可能看不清什么。实际上，没有任何目击者目击到第一次袭击。

第二次袭击发生于公寓门厅中，有 6 人目击了此次袭击。而且其中一人当时处于醉酒状态，还有一人是儿童。这名儿童把窗外发生的事情告诉了他的父亲，他的父亲虽然打了电话报警，但由于当时并没有 911，给电话局拨打电话后，需要等待电话局接线给警察局，这个过程耗费了很长时间。而嫌疑人最终被捕，正是因为他的邻居发现了他的可疑举动，并及时报了警。

史蒂芬·列维特说："该事件因为邻居的无动于衷、不予报警导致一名女性被杀而引起轰动，但到头来却又因为一个邻居的怀疑而让嫌疑人落网。"

史蒂芬·列维特的取材角度更贴近事实，分析也有理有据，反而让马尔科姆的阐释显得可笑。当然，我依然认为《引爆点：如何引发流行》这本书很好。但是通过阅读这一案件的两种阐释，我若有所悟，并因失望而叹息。因为，列维特既不是经济学家也不是记者，反倒比马尔科姆·格拉德威尔更像记者。列维特通过记者的主要手段"取材"，却报道出了更准确的事实。

人们时常因爱屋及乌而蒙蔽了双眼。通过吉诺维斯案件，我吸取了一个教训：我要时时铭记，即便是我喜欢的作家也会犯错。

那么，指出马尔科姆·格拉德威尔错误的斯蒂夫写的书，就一定完美无瑕吗？在阅读史蒂芬的书时，很难提出疑义。毕竟

《魔鬼经济学》内容本身十分优秀，而且其作者是有可能获得诺贝尔奖的天才经济学家史蒂芬！但我也是在遇到了斯蒂芬·平克之后，才认识到天才经济学家也会犯巨大的错误。

通过泛读培养批判思维

除《圣经》之外，我整本通读的书中，页数最多的就是进化心理学家斯蒂芬·平克的《人性中的善良天使》。这本书仅注释和参考文献就有250页，共计1 406页，它以翔实的资料为基础，向我们揭示了暴力会减少的原因，可以称得上是一部皇皇巨著。而平克在这部书中称，史蒂芬·列维特在《魔鬼经济学》中对犯罪减少的阐释是错误的。事实上，关于犯罪率为什么减少部分正是《魔鬼经济学》的精彩之处，使其畅销并广受赞誉。

20世纪90年代后，美国的犯罪率直线下降。因为此前一些专家一直坚信犯罪率会持续上升，所以人们花了几年的时间才认识到犯罪率正在下降。当犯罪率下降趋势显著时，专家们罗列出了好几种假说去解释其原因。

列维特将美国十大日报上刊载的有关1991—2001年间犯罪率降低的多种分析报道按引用频率排了序。结果显示，引用顺序由高到低为：革命性的治安政策、行刑判决增加、麻醉药市场的变化、人口老龄化、进攻性武器相关规定、健康的经济、警察人数增加等。这些都在常原因理之中，很容易理解。

然而列维特却说，这些原因之中有三个原因多少可以使得犯罪率下降，但对犯罪率影响最大的原因却不在其列。我在阅读这部分的时候可谓是大吃一惊，因为列维特认为，使得犯罪率骤减的最主要原因是罗诉韦德案胜诉，即堕胎合法化。

1973 年 1 月 22 日，罗诉韦德案胜诉，等于承认了全美堕胎的合法化。判决过后的第一年，美国有 75 万名妇女做了堕胎手术，没过几年，每年的手术人数便达到了 160 万人次。之前，只有中上层家庭的女性才能花大价钱进行非法堕胎，而判决后，任何女性，不管是未婚、未成年、家庭条件不好，或者三种不利条件兼有的女性，都能够花少量的金钱做妊娠中止手术。

列维特认为，处境艰难的女性所生的孩子，与在平凡安定的家庭中的孩子相比，成为罪犯的概率更高。而这些女性堕胎后，使得未来的罪犯数量减少了，因而堕胎合法化后出生的第一批孩子成长为青少年时，也就是到了 20 世纪 90 年代时，犯罪率降低了。

但斯蒂芬 · 平克在《人性中的善良天使》中指出了列维特的错误。首先，列维特的两个统计有错误。堕胎数量增多并不意味着出生人数下降。事实上与列维特的预测相反，1973 年以来，美国的最低阶层女性（贫穷、未婚、未成年、非洲裔美国人）的生育数量反而大幅提升。相比堕胎合法化前，合法化后人们更倾向于无安全措施的性行为，计划外妊娠数量增多，从而使得堕胎人次增加，也使得人口出生率在一定程度上提升了。

列维特假设在堕胎合法化前后计划外妊娠的比率是一定的，但平克提供的统计数据则表明，列维特的观点是错误的。

第二点错误在于说 20 世纪 90 年代的青少年犯罪率降低了。若按列维特的逻辑，若是 1973 年堕胎合法化后导致犯罪率降低的话，那就意味着年纪越小的人群犯罪率越低。但平克的调查显示，美国的犯罪率从年龄较大的人群开始降低。

列维特用数据分析来颠覆常识，得出了魔鬼般的结论，从而一举成名。正如记者马尔科姆被经济学家列维特从取材上驳倒一般，善于统计的列维特被进化心理学家平克用统计批判了一番。

结果，我看到最喜欢的作家马尔科姆 · 格拉德威尔和天才经济学家列维特双双被确凿的证据批判了，这使我明白了一个道理：任何人都能够成为批判的对象。即便是我欣赏的人的观点，也要用怀疑的眼光去看待，即便是那些高高在上的权威人物，也要敢于去批判。

我最终通过“泛读”获得了这种批判思维。接触不同领域的不同作者，必然会与多种多样的思想相遇。纷繁的思想有时交织在一起，有时则相互抵触。而在强烈的冲突中生存下来的读者，便会获得“批判思维”的武器。

通过泛读，读者不仅可以获得批判思维，还可以学习进行批判的方式方法。我们会渐渐如作家一般，在理解对方的观点的前提下，用简明的实证和自己的新观点进行批判。但我们在批判作家时，有几点要注意：作家在书中讲了许多故事，总会有些许谬误；每个人都会被同时代的强烈观点影响，所以作家们难免会有资料掌握不全面或思考有局限的情况。因此，我们不能因为几处谬误去贬低整本书的价值。马尔科姆·格拉德威尔的《引爆点：如何引发流行》和史蒂芬·列维特的《魔鬼经济学》依然是我强烈想要推荐给大家的好书。需要批判的地方我们要果敢地去批判。但我们不能因为一个人不知道加拿大的首都在哪儿，就认为他是个愚蠢的人（我也是看了综艺节目之后才知道加拿大的首都在哪里）。

那么我们能够说平克胜利了吗？但即便是伟大的平克也不能幸免于批判之声。他正承受着《黑天鹅》[①]（*Black Swan*）的作者、投资人兼读书家纳西姆·尼古拉斯·塔勒布（Nassim Nicholas Taleb）的攻击。

“平克大哥，要加油哦。”

① 《黑天鹅》已由中信出版社于 2011 年 10 月出版。——编者注

Chapter 2 · 通过泛读让自己变得更具创造性

“创造性是对陌生事物的欢喜。”

——厄尼·泽林斯基（Ernie J. Zebinski），美国畅销书作家，代表作《你能不能不工作》（*The Joy of Not Working*），畅销全球

联觉与创造性

俄国作家弗拉基米尔·纳博科夫写过三次自传。他不仅精通母语俄语，还可以熟练驾驭英语和法语。他的英文版自传首先出版，随后受俄罗斯出版社邀请，将自传翻译成了俄语。在翻译过程中，他惊奇地发现，用英语无法记起的往事开始一一浮现。于是，他又用俄语写了一遍自传，又将这本自传翻译成了英语。

这部自传叫《说吧，记忆》。在这本自传中，有一段奇特的记录：

“在绿色的群体中，有赤杨叶 f，生苹果 p 和阿月混子 t。多少与紫罗兰相联系的是暗绿色，是我能交给 w 的最好的色彩。黄色包括 e 和 i 的各不相同的黄色，奶色的 d，明亮

金黄的y，还有u，它的字母效果我只能表达为‘带一层橄榄光泽的青铜色’。”

这是在说些什么？而与之相近的内容也在法国诗人阿尔蒂尔·兰波（Arthur Rimband）的诗作《元音》中出现过：

A黑、E白、I红、U绿、O蓝：元音，

有一天我要泄露你们隐秘的起源：

A，苍蝇身上毛茸茸的黑背心，围着恶臭嗡嗡旋转，阴暗的海湾……

纳博科夫和兰波并非是在语句中使用了某种比喻。他们只是将自己的实际感受写了出来。纳博科夫和兰波在文字中看到了“真正的”颜色。这种由某种刺激而唤起另一种形态的感觉的现象，被称为“联觉”。联觉的形式多种多样，不仅是文字和色彩的联觉。

拉马钱德兰教授的脑科学研究显示，一位名叫弗朗西丝卡的女性可感受到不同质感的特殊情绪。例如，她能在牛仔布中感受到极端的痛苦，对她来说，橘子皮是冲击，丝绸是平和与安稳，蜡是惊慌。她甚至还在60支的棉布中感受到了内疚，而触摸120支的棉布时，她竟然感受到了赤裸的谎言！

而埃斯梅拉达可以在声音中看到色彩，甚至看乐谱也会看到色彩。伟大的音乐家李斯特也可以从声音中看到色彩。牛顿曾发明了一种键盘乐器，在音阶的上方有各种各样的颜色，音乐一响，就会呈现出与之相称的五颜六色的光彩。因此学者们认为，牛顿很有可能是个联觉者。

此外，指挥家雷昂纳德·伯恩斯坦（Leonard Bernstein），画家瓦西里·康定斯基（Wassily Kandinsky）、杰克逊·波洛克（Jackson Pouock），声乐家鲁契亚诺·帕瓦罗蒂（Luciano Pararotti），作曲家亚历山大·斯克里亚宾（Alexander Scriabin）等人也是联觉者。

不知大家是否发现了这些联觉者们的共同点呢？这些人从事的都是艺术活动。被艺术家奉为生命的恰恰是“创造力”。与普通人相比，联觉者会更频繁出没于艺术领域。在艺术体系中，联觉者的比率约为 9%，而普通人中联觉者的比率只有不到 2%。那么联觉和创造性之间到底有何种关联？通过联觉，我们能否窥探创造力的秘密呢？

陌生与创造性

大约 30 年前，伯克利大学的一位叫查兰·尼米特的心理学教授进行了一系列有关自由联想的实验。实验人员给被试人员看一张单一色彩幻灯片，告知其颜色，然后让被试者在该颜色的基础上进行自由联想。结果显示，只有 20% 的人会进行有创意的自由联想。例如，看到蓝色的 100 个人中，有 40 人回答“天空”这种常规的答案，还有 40 名回答的是红色、绿色等颜色名词。但有 20 人的回答是略具创意的，如有“牛仔裤”“湖水”“孤独”等。

在另一组实验中，尼米特在各组中加入隐藏的演员，让他们说一些愚蠢的话。例如，演员们给被试者看蓝色幻灯片后，会说这是红色或绿色的，然后让被试者根据自己看到的颜色进行自由联想。

于是，诸如爵士乐等有创意的答案不断涌现。看到蠢笨的演员，被试者们都变得创意满满。尼米特通过一系列的实验，证实在陪审现场、高级会议现场、学术会场等 10 多个不同的场景中，出现蠢笨的人，都会让其他人创意十足。

厄尼 · 泽林斯基说：“创造性是对陌生事物的欢喜。”当你和某个不熟悉的陌生事物邂逅时，我们身体中沉睡的创造性就会被唤醒，伸一伸它的懒腰。将联觉者引入创意之路的，是声音中的颜色，是质感中的情绪。

在泛读中寻找创造性

上述可见，泛读是享有对陌生事物的欢喜的一个方法。我们可以通过与不了解的领域相识、与从未接触过的作家隔空交流，在大脑中种下创造性的种子。

1. 首先环顾一下书柜中的书，看看以往都在阅读哪些领域的书籍。我仔细观察了一下我的书柜，发现我阅读书目最多的领域按顺序是经济、营销、宗教（基督教）、心理学、自我开发、脑科学、生物学、物理学。你们的呢？

2. 要制订书单的话，就去实体书店吧。虽然我经常上网购书，但要想获得陌生感带给你的刺激，必须要用全身心去真实地感受。而且，不要去熟悉的区域，要徘徊于那陌生的角落，去物色那些为你静候的书们。

我最近对美学产生了兴趣，买了一套陈重权的《美学奥德赛》，共三卷。而后我计划有工夫就读一些朴雄铉《书籍是斧》中提到的各种文学作品。我深信，这些陌生的书籍将会为我带来更多欣喜。

创造性是陌生之物的联结

观察联觉者们的大脑，你会发现他们与普通人不同，他们脑部对应各种感觉的区域之间是相互联系的。例如，他们看字母时，被激活的脑部区域会释放追加信号至处理色彩的区域。联系越强化，联觉感就越强。我们可以从中得出创造性的第二个属性。

史蒂夫·乔布斯（Steve Jobs）曾说："创造力就是找到事物之间联系的能力。"创造性就是联系。但乔布斯所谓的"事物之间"并不意味着"任何事物之间"，而是要联结两个相隔很远的事物。因此，我对创造性的定义是：

"创造性是陌生之物的联结。"

加州理工大学教授罗杰·斯佩里（Roger Wolcott Sperry）博士因发现大脑左右半球在功能上的特化，获得1981年诺贝尔生理学或医学奖。我们一般都知道，左脑更重分析和逻辑，担负语言功能，而右脑则全盘整合信息，具有艺术功能。

他的研究触发了神经科学界的一大灵感，从此以后，说明左右脑不同机能的书籍涌现，甚至成了一大社会现象。这一时期还出版了大量认为有效利用左右脑特定区域就能成功地自我开发的书籍。

虽然左脑和右脑的功能不同，但两者不是相对独立的，而是由胼胝体相连，时刻不停地交换着信息的。要是将两者之间的信号切断的话，会发生什么？

左右脑的联结反馈回路异常时，会产生癫痫症状。从前治疗癫痫患者时，会将胼胝体切断开，阻断左右半球的信息交换。而接受治疗后，患者不再癫痫发作，也可以正常交流了，一切看起来都很正常，但这时患者却开始做出一些令人费解的行为。胼胝体被切开后，一位患者用左手去搂妻子，而右手却打在了妻子的脸上。对妻子的喜爱和憎恶之情同时表露了出来。还有一位患者因担心自己的右手将自己勒死而吓得无法入眠。医生称该症状为"奇爱博士综合征"，由斯坦利·库布里克（Stanley Kubrick）执导的描写人类矛盾的电影《奇爱博士》（*Dr Strangelove or: How I*

Learned to Stop Worrying and Love the Bornb）得名。

人类的创造性是大脑的杰作，大脑的功能就是将不同的事物相连。脑的可塑性是指联结的扩大，是神经网络的成长。大脑本身就是惊人的创造性实体，是创造性的最贴切比喻。

大自然也书写着同样的故事。水蚤是一种小型甲壳纲动物，不分公母，通过复制进行无性生殖，每个个体都是母体。而当发生干旱或其他剧烈生态环境变化之时，它们会立刻生产雄虫，进行有性生殖。

无性生殖的繁殖速率比有性生殖平均快两倍，因此在繁殖至上的自然中，无性生殖比有性生殖更高效。但由于无性生殖的生物及其后代的基因与母体完全相同，因此当其环境适应能力差时，可能会导致整个物种灭绝。而有性生殖的后代同时具有雌雄体的基因，即便一方的基因脆弱，另一方很可能具有克服艰难环境的合适基因，并将其传给后代。追求异质之物相互联结的多样性，是一种战胜艰难环境的方法。因此在自然界中我们最常见到的不是无性生殖，而是有性生殖。

地球上的生物多种多样，不可胜数，可以说每一个生命都是创造性的结晶。而构成生物体的基本元素非常简单，碳、氢、氮、氧、磷、硫占全部生物体质量的99%。其中碳元素是核心元素，而耐人寻味的是，碳元素在地壳中的元素占比还不到0.03%。可为什么生命是围绕碳元素构成的呢？

生命这一惊奇的现象从联结之中诞生。相比较于其他原子，碳原子具有和其他原子相连的特殊能力。从储存核酸中的遗传信息，到构成蛋白质，再到利用碳水化合物和脂肪储存能量，生命全都要凭借碳原子的联结能力。

宇宙中的数亿种化合物，全部是由不到100种元素联结而成；仅仅4种碱基的排列组合，就将地球上所有遗传物质的信息编码完成；一切色彩都是红、蓝、绿三种颜色的混合表达；引领我们进入新时代的信息革命，则依靠着单纯的0、1两种信息组合来实现……

由此可见，创造性就是联结。

有创意的人的特质

以下是4位公认的富有创意之人对梦的描述。让我们据此来猜一猜他们的职业是什么：

1.“太阳的光芒漫射在山尖萦绕的云朵之上，景色壮美。一圈灿烂的光晕包裹着太阳，彩虹在山顶显出靓影，我置身于迷雾之中，被云朵四周的金光挑逗得无比兴奋。我无时无刻不想将这一幕光景完完整整地描绘出来。”

2.“很小的时候我就对诗歌充满了热爱。诗歌的形式和韵律让我兴奋无比。我如饥似渴地吞噬着俄罗斯诗人们的诗句，它们夺走了我的心魄。坦率地说，越是艰深晦涩的诗歌，我就越是喜欢。我深深地沉醉于诗语的韵律之中，从5岁起就开始写诗。12岁时，我坚信自己将来一定会成为一名诗人。”

3. “我们从明亮处出发，渐渐走入幽深的黑暗之中。接着，我们又爬向高处，点燃新的火光，成为自发光体。这的确是个伟大的冒险，配得上一个人能够拥有的最大野心。宇宙以一个公式为模型，爆炸膨胀，一切现实都在理性的标准下裁决。此梦蔚为壮观，宛若亲历鸿蒙初破。”

4. “学习其他东西成了我练习‘抽象’思考的方法。因为这能够让我明晰如何刨根问底。有时，我把自己选择的专业（经济学）抛掷一旁，有时分阶段、有时在同一时期，被拉入不同领域的世界之中。罗马法、刑法、俄罗斯法和农民法的历史以及民族学将我心征服，成为我抽象思考的助力。”

一般我们会猜他们的职业分别是画家、诗人、数学家、经济学家或政治学者，但其实事实并非如此：第一位是发现粒子径迹的诺贝尔物理学奖获得者查尔斯 · T · R · 威尔逊（Charles Thomson Rees Wilson），第二位是北欧第一位女大学教授、数学家索菲娅 · 柯瓦列夫斯卡娅（Sofia Kovale Vskaya），第三位是昆虫学家让 – 亨利 · 法布尔（Jean-Henri Fabre），第四位是20世纪最著名的抽象画家瓦西里 · 康定斯基。

物理学家阿曼德 · 特鲁索（Armand Trousseau）曾说过：

“最差的科学研究者是非艺术家的科学研究者，最差的艺术家是非科学研究者的艺术家。”生物学者、画家 C · H · 沃辛顿说：“世间一切问题只有‘完人’能够解决。他是拒绝成为一个技术员、纯粹的科学研究者或艺术家的人。在今天的世界中，我们必须要成为‘所有人’，否则就不能成为‘任何一个人’。”

总而言之，创造性是陌生事物的联结。而所谓的有创意之人，就是那些脑中充斥着陌生之物，从混沌中创造新事物的人。

约瑟夫 · 普利斯特里（Joseph Priestly）发现了氧气，发明了苏打水，并对电气领域的发展贡献巨大，他是化学家，同时也是神学家、教育学家、政治学家和自然哲学家；本杰明 · 富兰克林（Benjamin Franklin）在成为一名政治家之前，曾做过电气试验，整理过有关墨西哥洋流的相关理论，设计过暖炉；在霍乱治疗上功劳显赫的英国内科医生约翰 · 斯诺（John Snow）在照顾患者的同时，还研制了乙醚注射的临床技术；伟大的物理学家爱因斯坦则与小提琴一生相随。

了不起的泛读家——贾雷德 · 戴蒙德

我们再回过头来说书。获 1998 年普利策奖的作品《枪炮、病菌与钢铁》是一部用全新视角阐释诸如“为什么某些民族成了征服和支配的对象”“为什么各个大陆文明的发展速度存在差异”等人类文明难解之谜的优秀作品。

为了解开这些谜题，需要对遗传学、分子生物学、进化生物学、生态地理学、行为生态学、流行病学、语言学、所有大陆及主要岛屿的考古学以及技术、文字、政治团体的历史进行研究，因此需要各个领域的专家通力合作。但是这本书的作者仅有贾雷德·戴蒙德一人。

有趣的是，贾雷德·戴蒙德也在本书中讲述了自己单独完成这项工作的过程。他的母亲是语言学家，父亲是专攻遗传学的医生，受父母的影响，他学习到了语言学和生理学的知识。他对藻类的进化尤为感兴趣，于是专修了藻类进化理论，在进化生物学领域造诣深厚。为了观察藻类，他到世界各地进行实地考察，从而也打下了深厚的生态地理学功底。为进行藻类研究，他游历南美、南非、印尼、澳大利亚、新几内亚等地长达 33 年。期间，他与狩猎采集者、过部落生活的农民和渔民接触，对原始社会有了真实了解。后来，他于 1958—1962 年在欧洲生活居住，与那些遭受 20 世纪历史伤痛的朋友们相处交流。就这样，他开始更加深入地思考作用于历史之上的因果之锁。

贾雷德·戴蒙德似乎比任何人的兴趣都更广泛，因为若非有对多种知识的欲望，他绝对创作不出《枪炮、病菌与钢铁》这样的巨著。他深知联结多样性的重要，知道这部书无法在合作中完成，只能独立写作。在向自己薄弱领域的诸多专家讨教之前，他一直在不断努力，创造新的理论。

贾雷德·戴蒙德是一位伟大的泛读家。在研究新领域时，他虽然能从观察、访谈、建议等中获益良多，但大部分知识都是从阅读该领域的前沿论文和往日成果得来。我不敢和贾雷德·戴蒙德比肩，但为将这本有关读书的书写得有创意，我学习了有关脑科学、生物学、经济学、市场营销学、社会学、心理学的知识，并将其联结起来书写。虽然有各种不足，但至少我能写出有创意的东西，是因为我阅读了不同领域的多种书籍。

泛读是成为有创意的人的最普通、最大众的方法。

Chapter 3 · 通过泛读使自己变得更谦逊

> "谦逊是最实在的力量表现。"
>
> ——托马斯·默顿（Thomas Merton），美国作家，他的自传《七重山》（*The Seven Storey Mountain*）使他享誉全球

读书使世界变得更大

莫里斯·梅洛–庞蒂（Mreleau-Porty Maurice）在《知觉现象学》（*Phenomenology of Perception*）一书中说："身体是人能够占有世界的一般手段。"所有动物都具有特定的感觉器官，感觉器官能够感知并划定世界的边界。鲸鱼的眼中只有黑白，根本无法理解人类眼中丰富多彩的世界。

然而感觉器官并不是在片面地认知世界，而是无意识地将世界概念化。

《身体中的哲学》的作者、认知语言学教授乔治·莱考夫（George Lakoff）和哲学教授马克·约翰逊（Mark Johnson）说，连变形虫都会将对象范畴化为能吃的和不能吃的、可以靠近的和

需要远离的。这种表现叫作“知觉范畴化”。随着动物等级升高，范畴化的规模会逐渐扩大，人类已经超越了感觉范畴化，能够进行“概念范畴化”。如果我们必须给所有的花朵都分别起名的话，就无法进行其他精神活动了。从而我们也就没有时间去探知其他多样的自然现象、社会行为，以及无穷无数的其他存在。我们借助范畴化，以更高效的方式认知世界。

1931、1932年，在乌兹别克斯坦和吉尔吉斯斯坦进行了一项实验，探察不同教育水平下人们的色调分类、几何图形分类和抽象分类等范畴化能力的差异。实验中，54.5%的家庭妇女（文盲）、93.7%的幼儿师范学校女学生、94.2%的集体农场活动家，以及100%的师范女大学生成功进行色彩分类；84.8%的师范女大学生、41%的集体农场活动家、14.7%的幼儿师范学校女学生，成功进行了几何图形分类，没有1名家庭妇女分类成功。受教育水平不同，范畴化的能力也就不同。甚至可以说，一个人阅读能力的有无，决定了他能否学习到新东西，也决定了这个人世界的边界。一个人读得越多越杂，他的世界就会越大。

拥有大世界的人们具有怎样的胸怀呢？托勒密“地心说”中的宇宙和哥白尼的“日心说”的宇宙的区别，不仅仅在于宇宙的中心在哪里，哥白尼的宇宙比托勒密的宇宙大了足足40万倍！天文学总是在扩张宇宙的边界，而哥白尼的扩张是历史上飞跃性的第一次。当我们经历过更大的宇宙之后，在它的苍茫庄严下，我们能够产生一种情感——谦逊。

读书也是扩大世界边界的过程。一个人读的书越多，他认知的宇宙就越大，就愈发感到自己的无知，发现自己所知的是多么的微不足道。当认识到自己无知时，我们必然会变得谦逊。

泛读与系读

一般情况下，人们会过高评价自我。94% 的大学教授认为自己的讲课水平比别人好，90% 的企业家认为自己的新事业一定能发展壮大。参加美国职业高尔夫球巡回赛（PGA Tour）的职业高尔夫球选手们声称能在 1.8 米外有 80% 的概率击球入洞，而实际成功率只有 54%。

卢梭问企业董事：关于你们对所从事行业了解多少的问题你们自认为能回答准确的概率有多高？调查结果显示，90% 的广告业管理者认为自己的回答准确无误，但他们的正确率其实只有 39%；计算机管理者认为自己的错误率大概有 5%，而实际错误率高达 80%。参与调查的 2 000 多人中，有 99% 的人对自己评价过高。由此可见，我们是如此不谦逊。

那么这种自信感的强弱是如何在人群中变化的呢？曾经有两位社会心理学家做了一个有趣的实验。他们给康奈尔大学的大学生和职业喜剧演员看一些笑话，然后让他们评价每个笑话的有趣程度，并以专业喜剧演员的评分为基准，根据评分一致度给大学生们的幽默感排名，同时让大学生给自己的幽默感打分。实验结果显示，最没有幽默感的人（人群中较差的 25%），往往最高估自己的实力。在下棋、逻辑和语法水平测试中，也呈现出了相似的结果。这项实验恰恰印证了达尔文的名言："物质要比知识更容易产生自信。"

摆脱无知最快捷有效的方法之一就是读书。但如果仅仅是多读，不会令人变得谦逊。偏读，即进行偏狭的读书活动的话，反而会让一个人变得骄傲自满。尤其是在系读时，我们会很容易陷入某种思绪之中，某一领域的书籍阅读量达到一定水平后，就会渐渐开始融汇贯通相同领域的许多书籍。因为你在阅读过程中不会再有难懂的感觉，作者引用的大部分内容你都知道，于是你会在某一时刻陷入错觉之中，认为自己的水平在作者之上。如果继续在自己扩张的世界中挖掘，你就会认为这片天地就是世界的全貌，会认为自己已经对一切了如指掌。因此，我们时常可以在媒体上看到一些自诩为专家的人，对自己专业之外的领域妄加评论，胡言乱语。

所以说，我们必须要泛读。接触新的领域后，人们就会发现自己的无知。最近我在读一本十分难读的书，是阐释量子力学历史的《量子故事》。虽然我已经在认真阅读了，但还是不知道书中在说些什么。这让我清醒地认识到："我真的很无知嘛！"

泛读是不断地入侵其他世界，扩充自我世界的过程。在这个过程之中，我们逐渐变得谦逊，而谦逊将使我们思维的疆域更加宽广。

Part 4

慢读：缓慢阅读

“我恳求父母们，
不要对孩子说‘快点儿’。”
——弗拉基米尔·纳博科夫（Vladimir Nabokov），美籍俄裔作家，代表作《洛丽塔》（*Lolita*）享誉世界

到底泰勒为什么要这样教育哈罗德呢？
泰勒老师是想让哈罗德成为一名“自学者”。

Chapter 1 • 孩子的读书活动

"人的一生，有两个时刻，能感到被所有人认可。

一次是学会迈出第一步之时，一次是学会读书之时。"

——佩内洛普·菲茨杰拉德（Penelope Fitagerald），英国著名小说家，凭《离岸》（*Offshore*）获得英国布克奖；凭《蓝花》（*The Blue Flower*）获美国国家图书评论奖

孩子通过父母阅读

我常在孩子睡前环抱着他，给他读书。虽然孩子更喜欢恐龙，但对《彼得·潘》（*Peter Pan*）、《爱丽丝梦游奇境》（*Alice's Adventures in Wonderland*）等童话书也算兴趣十足。不过父母给孩子读书，一方面是为了哄孩子高兴，另一方面也是希望孩子从小接触书籍，长大以后成为一名优秀的人才。

经济合作与发展组织（Organizations for Economic Co-operation and Development，简称 OECD）对韩国等 13 个国家的 15 岁青少年进行了一项调查，结果显示，儿童时期几乎每天听

父母读书的孩子，在读写能力上显著领先。

致力于儿童阅读研究的权威人士玛丽安娜·沃尔夫也曾说："长达数十年的研究结果显示，儿童听到父母或其他成年人阅读声音的时间量，是预测几年后该儿童读书水平的有效量度。"

儿童在18个月时，便能知道世上万物都有自己的名字。这份知觉意味着孩子的大脑开始进行基础活动，能够把从听觉和视觉得来的信息联结整合。从这时起大量听父母读书的孩子们，对语言的理解力和词汇使用能力都会大幅提升。

美国的一项研究能够告诉我们，在听读童话书时，3~5岁的孩子脑中有何反应。父母在阅读童话书时，孩子左脑的顶叶、颞叶和枕页（Parietal，Temporal和Occipital lobes，简称PTO）联结部位活动显著，而不阅读时，孩子左脑该部位未见活动。PTO是处理通过听觉和视觉得来的信息并加以整合的部位，与语言习得有密切联系。

常听父母读书的孩子和其他孩子之间的词汇驾驭能力也有很大差异。加拿大心理学家安德鲁·凡依米勒称，幼儿园时期词汇能力处于后25%的儿童，到6年级时，平均比周围的孩子的词汇能力落后3年。这结果对孩子来说非常残酷。因为词汇能力呈现"贫益贫、富益富"的趋势，而这种差距会随着年级升高而加速拉大。

给孩子读书，不仅可以提高孩子们的词汇能力，还能提高语法能力，因为文章需要比口语更复杂的语法体系。常听书上的文句，孩子的语法能力也自然会让人眼前一亮。曾有阅读研究者以两组不会识字的 5 岁孩子为对象进行观察研究。这两组孩子的父母有着相似的教育背景和经济基础，一组父母在孩子 3~5 岁的两年时间里，一周给孩子读书 5 次以上，另一组则读书量不多。他让这些孩子们讲述一个生日派对之类的活动情况，并让他们假装大人给洋娃娃读书。

研究结果显示，经常听父母读童话书的孩子们，往往可以使用具有特定语法的关系连词说长句子。这意味着他们具有理解复杂句子的能力，具有今后成为伟大读书家的坚实基础。

那么孩子们在听故事的时候，心里在想些什么呢？美国辛辛那提儿童医院的约翰 · 赫顿博士说，听读书声的孩子，其脑部负责视觉的部位活动频繁。孩子们会在脑海中将听到的书本内容再加工为图像。

这让我想到了我女儿。她小时候经常用笨拙的方法向我表达自己的想法。我读书的时候，她常一脸兴奋地跑到我身旁，给我一幅画。画上有时是代表爱意的心形模样，有时是运动小组里发生的趣事，有时是玩具。当然，玩具表明她想要买新玩具了。

但当她 5 岁时，情况就变了。她会给我写信，信里写着“爸爸，高荣成，爱你”。不会写字的时候，孩子的大脑就好像一座美术馆；学会写字之后，孩子的大脑就变成了一座图书馆。他们的想象力转变为了知识和逻辑。我希望女儿不要失去与生俱来的想象力，所以最近时常缠着她给我写图画信。

父母读书，孩子才会跟着读

另一种父母可以给孩子的读书行为带来巨大影响的方法，是父母也喜欢读书。OECD 的研究显示，不论父母的国籍和收入高低，孩子看到父母读书的模样，就极有可能跟着模仿。

我认为有两种原因促使该结果出现。第一是模仿。在人脑中有许多镜像神经元。这意味着我们已经有设定好的程序，让我们得以熟练地模仿。所以，孩子们会模仿许多他们所听所见的事物。经常看到父母读书模样的孩子，往往会自然而然地学父母的样子读起书来。第二是环境建立。人们想要让不读书的孩子拿起书本，首先要把客厅里的电视撤掉，用书柜取而代之。这是在给孩子建立与书多接触的环境。

经常阅读的父母家中肯定会有很多书。申荣福老师在著作《监狱里的思索》中说："人们不像其父母，更像其时代。"读过社会科学类的书之后，我不得不同意这一说法。但是有一样行为很重要，孩子不能够像他们的时代，而是要像他们的父母——读书。如果父母不是读书家，也就很难对孩子提出要求，让他们养成读书的习惯。

孩子阅读的是爱

孩子小的时候，读什么书、如何读并不重要，孩子关注的是自己在爸爸妈妈怀中，和父母一起探索书中新世界的过程。为什么在父母怀中阅读的孩子，长大以后会成为伟大的读书家呢？我觉得这是因为这些孩子们自然而然地将父母之爱延伸到了读书之上。当孩子在读书过程中感受到爱时，他就会爱上读书。

正如“多读”篇中提到的，强迫没有准备好的 5 岁儿童学习识字的话，会产生反作用。有很多人说，自己给孩子读着读着，孩子就自己学会认字了。除了这种情况，当孩子在没准备好的时候，早早教孩子学习会给他们压力，从而也会在孩子的心中植入对阅读的厌恶之情。并且，如果父母不读书，而迫使孩子读书的话，也会造成孩子的逆反心理。

近年来，韩国小学生的读书量大幅增长，从年均 20 本升至现在的年均超过 70 本。但成人的读书量一成不变，始终在 10 本左右。我很担心这样下去会出现副作用。

所谓读书，本质是主动要去读书的“选择”。这正是我关注孩子情绪的原因。我们常说要排除情绪因素，进行合理选择，但这话其实是错的。因为没有情绪，就无法进行选择。

一个叫艾略特的男子大脑正中的额叶受到了损伤，以至于无法进行正常的日常生活。神经学家安东尼奥 · 达马西奥对他进行了测试，发现艾略特的智力水平很高，记忆力也很出色。但当给他看地震、火灾、交通事故等灾难现场照片时，他几乎没有任何情绪起伏。他知道对这些可怕的照片应该做出何种反映，但却无法产生任何情绪。而且“丢失”情绪后，他无法做出任何选择。

虽然他的智商很高，但在面临选择之时，他却束手无策，无法决定。

这位患者的负责唤起情绪的核心部分——腹内侧前额皮质受损了。达马西奥的研究显示，没有情绪就无法进行合理地推论，从而也就无法选择。社会心理学家乔纳森·海特（Jonathan Haidt）曾说："我们将情绪当作一种信息使用。"大脑这位法官在判决时，认为情绪是一样必有的证据。

在父母怀中听着情感起伏的嗓音看着书的孩子，其大脑必然会将读书与爱意情绪联结起来。即便孩子自己无法认识到这一点，也会下意识地感觉到书中夹有爱的书签，主动地翻开一本本图书去探寻。孩子阅读的是爱，这份爱引导着他们的读书行为。

Chapter 2 · 自学者

教育的目的是培养能够创新的人，而不是制造不断重复过去的人。

——让·皮亚杰（Jean Piaget），全球著名的儿童心理学家，他的认知发展理论成为儿童心理学研究的典范

缓慢阅读的秘密

从20世纪50年代起，日本滩中的一位国语教师桥本武就只用一本《银汤匙》[①]教育学生。这所学校位于偏僻之地，毫无名气，但那些接受过桥本老师缓慢阅读教育的学生们，长大后纷纷登上了日本各界的领袖之位。

2014年韩国EBS电视台的节目《慢读——培植思考的力量》和专家们一起，尝试在韩国推行桥本的慢读教育。在教师的指导下，小学5年级的学生们用6个月的时间学习朴婉绪的《那么多的酸模都让谁吃了》一书。遇到不会的单词，孩子们就查字典，并使用该单词造句。

① 《银汤匙》已由中信出版社于2017年1月出版。——编者注

他们还亲身去体验书中出现的多种场景，写关于此书的读后感并当众讲演、分组讨论，或用图画表现。6个月后，孩子们纷纷表示这种学习方式很有趣，他们变得很喜欢读书。

不过孩子们的变化不仅体现在兴趣方面，他们的读书量也有了一些变化。参加节目的孩子们的读书量为年均50余本。而查阅国民读书情况调查结果发现，2013年韩国小学生的读书量为一年73.7本。我很想知道，有这么多读书量的孩子心里面是怎么想的。他们是不是在父母望子成龙的欲望驱使下，或在被迫写读书日记的压力下，强迫自己读书呢？韩国儿童幸福指数连续6年在OECD国家中垫底，强制读书是不是这其中的一个原因呢？

从读书的意义上来说，EBS电视台实施的慢读项目非常契合现实。还有什么比让孩子领悟到读书之乐更重要的事？然而对孩子来说，慢读不仅能给他们读书之乐，还给了他们另外一份巨大的礼物。

泰勒老师的教学方法

在戴维·布鲁克斯的《社会动物》中，有一段泰勒老师教育主人公哈罗德的情节。

一天，泰勒塞给哈罗德一本伊迪丝·汉密尔顿（Edith Hamilton）的《希腊方式》（*The Greek Way*）并对他说："这本书将使你成为伟大的人。"接下来哈罗德对这本书产生了兴趣，泰勒开始承担起他的教育工作。

第1阶段：她让哈罗德反复阅读《希腊方式》。

第2阶段：泰勒告诉哈罗德，如果他有兴趣对书中内容作进一步了解的话，可以再找5本书读。但泰勒不直接告诉哈罗德应该读什么，为的是能够让哈罗德进行自我探索。

哈罗德下了一番功夫检索图书、阅读论文、调查新闻报道，甚至还到书店里转来转去，凭借一己之力制订了阅读清单：介绍马拉松与温泉关战役的历史书，伯里克利的传记，《奥德赛》的现代译本，以及一本比较雅典与斯巴达的书。泰勒赞扬了哈罗德的“勤奋努力”（看过“读我”篇的读者一定知道为什么要赞扬“勤奋努力”）。

第3阶段：泰勒要求哈罗德反复回顾之前他阅读过的所有书籍。重复阅读让哈罗德有些泄气，但他震惊地发现，具备一定的古希腊知识积累后，他开始注意到书中的一些新东西。

第4阶段：当哈罗德的知识积累到一定程度后，泰勒让他写日记，记录他自己的高中生活和对古希腊生活的想法。她要求他自由书写，不用担心文章的好坏。

第5阶段：哈罗德写日记时，开始将自己的生活和古希腊人的生活联结起来，还经常引用书中精彩的文句。

第6阶段：项目已经开始了几个星期，泰勒让哈罗德完成最后一项任务：写一篇12页的小论文。

哈罗德已经对古希腊有了相当的了解，也做了很多思考，能够将书本内容与自我生活和学校生活相结合，写出精彩的内容。最终，哈罗德成功完成了这篇小论文。

到底泰勒为什么要这样教育哈罗德呢？其实，她是想让给哈罗德成为一名“自学者”。

能够自我学习的人类

看过 EBS 电视台的纪录片和《社会动物》后，我想：虽然小学生和高中生不同，但这两个项目的教育目的，都是让一个人成为一名能够自我学习、具有创新精神的自学者。

这些学生所经历的一切，都是知识内化的过程。学生学习到了探索某一主题的方法、用语言和文字表达自己对该主题思考的方法，以及应用书本内容的方法。

当然，韩国学生在上高中前几乎没有接受过此类教育。恐怕其他国家也大抵如此。因此，我们经常在伟大作家对往昔的谈论中，发现有关如何偶然间成了一名自学者的内容。日本作家大江健三郎就是其中典型。

在大江健三郎 9~13 岁这 5 年里，每天阅读妈妈送给他的两卷本《哈克贝利 · 费恩历险记》（*Adventures of Huckleberry Finn*）。那是第二次世界大战结束不久，他们家位于四国岛的深山之中，并没有其他书籍可看。这本书深深地吸引了大江健三郎，他在不知不觉中领悟到了慢读的意义。

当他 15 岁的时候，他接触到了渡边一夫的《法国文艺复兴断章》一书，并再次感受到了阅读《哈克贝利·费恩历险记》时的那份感动，于是他下决心要考上大学并向该书的作者渡边一夫学习，终于他成功了。那么，渡边一夫老师教授了大江健三郎什么呢？对此，大江健三郎是这样说的：

> "渡边一夫老师教给我了读书的方法，让我今后依此'自学'。该方法就是每三年选择一个新的阅读对象，然后集中阅读该对象涉及的作家、诗人、思想家作品。这样一来我从自己阅读的东西中受到了很大影响，同时也有了新感悟。"

渡边一夫老师传授给了大江健三郎慢读之法，让他成了一名自学者。而他已经有过慢读经历，能正确领悟老师的意图。读一本小说时，他会将原书和翻译本仔仔细细对比阅读，用三年的时间去细细品味书中延展开的枝节。在慢读完成后，他写了一本小说，并凭此获得了 1994 年度诺贝尔文学奖。

第 1 阶段：确定慢读书籍

选择书籍很关键。慢读是“细嚼慢咽”一本书的过程。因此肯定要挑好的来吃。

1. 小学生最好选择语言表达丰富的国内小说。

在 EBS 电视台的纪录片节目中，小学 5 年级的学生们读的是《那么多的酸模都让谁吃了》。我也认为这种语言表达丰富的国内小说比较好。

作家郑英美给不同年龄段的学生推荐了一些慢读书籍：小学 1~2 年级可读《帮人拿包的孩子》，3~4 年级可读《偷自行车的人》，5~6 可读《软软的姐姐》。韩国国会议员及畅销书作家柳时敏希望小学生可以将《土地》《论自由》（*On Liberty*）《宇宙》（*Cosmos*）通读 10 遍以上。《坏撒玛利亚人》（*Bad Samaritans*）的作者、加州大学教授张夏准教授说，他曾读了 23 遍《宇宙》。

2. 选择经得起时间考验的书籍。

虽然在我们的常识之中，久远的事物会比新事物更快消逝，但并非事事如此。1993 年 5 月 17 日，物理学家理查德 · 戈特看到百老汇的演出单时说，那些已经久存的演出曲目，今后也会长存。事实证明他的判断是对的。这道理也同样适用于书籍。要想慢读，先要挑选一本可以经得起时间考验的书。

3. 慢读经典，首选文学。

不过，不能说所有的经典书籍都适合慢读。尤其是自然科学和社会科学方面的书籍，它们可能还会有很多错误和过时了的知识。所以我认为，还是经典文学比较适合慢读。

4. 选择以新视角阐释社会或科学流变的书籍。

别具慧眼洞悉历史的书籍特别适合慢读。用旁征博引和惊人的洞察力书写人类暴力历史的《人性中的善良天使》，或用生态地理学的眼光洞悉人类文明变迁史的《枪炮、病菌与钢铁》当属此列。

总而言之，经典文学、用新视角阐释社会或科学历史流变的书籍，以及适合小学生学习语句的国内小说，都是慢读的首选。

第 2 阶段：反复阅读

现在开始反复阅读挑选好的书籍。最少要读 3 遍，把书中内容差不多都记在脑中。最好是翻译本和原著一起看。虽然我英文不佳，但在阅读《枪炮、病菌与钢铁》时，我同时也读了原著。虽然这样一来耗费时长，但能大幅提高阅读理解能力。

第 3 阶段：派生阅读

派生阅读中也有 3 种方法。

第一，把所选书籍作者的所有著作全都阅读一遍。

第二，把作者的参考书目通读一遍。

第三，阅读与慢读书籍主题相近的其他图书。最好是阅读以其他视角写就的书籍。

第 4 阶段：按章节概述

再阅读一遍，过程中按章节对内容进行概述。要进行概述，必须首先理解该书的核心内容。概述时，可以锻炼把握核心的能力。

第 5 阶段：按章节写下自己的思考

按章节写下自己思考的内容。不管是有感而发还是不同见解，都可以写。不过最好努力将书中内容和现实相结合。就像哈罗德那样，将古希腊的知识和自身情感、生活联结起来，并记录下来。

第6阶段：写文章

在书中选取一个或多个主题，试着写一篇长度在为10张A4纸左右的文章。写作时，请最大限度地参考自己曾阅读过的资料。

我介绍的慢读法，不希望工作了的成年人学习参考，因为成人一般没有时间实践，想要按部就班地慢读下来，可能要花几年的时间，因此，成年人很可能半途而废。

正如“多读”篇中提到的，我建议成年人先多读。最好是系读与自己职业或兴趣领域相关的书籍。

多读了一段时间，达到一定程度之后，可以试试精简版的慢读法。我将在特辑部分介绍适合成人的慢读法。

特辑　成人"快速"慢读法

1. 弗朗西斯 · 培根（Francis Bacon）说："书有可浅尝者，有可吞食者，少数则需咀嚼消化。"慢读是含英咀华细嚼慢咽的过程。首先选择一本读过的书中最想要吞咽的书。书可薄可厚。

2. 不要着急开始慢读。先再读一遍，确认一下这本书是不是真的值得慢读。有的书读了一遍之后，并没有出现"就是它了！"的感觉，刚拿到手的兴奋感消失得无影无踪。那就让我们用寻找共度一生的挚友的心态，再去找一本书吧。

3. 选好书后，按章节整理一下。无须概述，只需在阅读了相关主题的图书、网上资料资料（论文、报告、报道等）的基础之上，在章节内容中加上自己的简评，写一篇文章。一开始这绝非易事，写出来的东西你自己肯定不会满意。现在我回头看第一次写的文章，也是自惭形秽。但写文章时容易有头无尾，一开始千万不要太在意文章的好坏，只要将文章写完就行。

4. 发布文章。开一个博客或者属于自己的网络空间，将整理好的文章一一上传。一旦开始公开发布文章，你的精力会加倍集中，从而变得更有效率。这不仅会督促你写出更好的文章，还会帮助你加深书籍内化的程度。此外，你还会得到来自读者的反馈，别人的建议会让你更上一层楼。如果你比较在意他人看法，也可以选择不公开发布文章。

Part 5

观读：带着观点阅读

“你是在看，而我是在观察。”

——夏洛克·福尔摩斯（Sherlock Holmes），19 世纪末英国小说家阿瑟·柯南道尔塑造的一个天才侦探形象

《天才的 13 个思维工具》（*Sparks of Genius*）中写道：

“发现两个明显相异事物共有的重要特能和机理，是世间一切伟大的学问和艺术作品、不朽的科学理论、工业发明的核心所在。”

观读可以帮助我们去发现。

Chapter 1 · 所见之物

“客观的观察是不可能的。”

—— 罗伯特 · 鲁特 – 伯恩斯坦（Robert Root-Bernstein），米歇尔 · 鲁特 – 伯恩斯坦（Michèle Root-Bernstein），畅销书《天才的 13 个思维工具》作者

她所见之物

古罗马政治家西塞罗曾说，“用眼看”远比“用耳听”记忆得更加清晰，视觉可以说是人类最敏锐的感觉。古罗马神学家圣 · 奥古斯丁（Aurelius Augustinus）认为双眼是“通往世界的入口”，中世纪的哲学家托马斯 · 阿奎纳（Thomas Aquinas）则称赞视力是“获取知识的感官之中最伟大的”。人们曾认为，用双眼注视对象是最能正确认知事物的方式。“看”确实能保证准确、清晰、客观。

可果真如此吗？

1984 年 7 月，美国北卡罗来纳州依隆大学学生、22 岁的詹妮弗 · 汤姆逊住在距学校 8 公里的公寓中。一天深夜，一个黑人

闯进她的住所，并拿刀威胁她，然后把她强奸了。詹妮弗意志力坚强，在遭受暴行的30分钟里沉着冷静地应对着。她先是服了软："把刀拿开的话我更有安全感，能舒服些。"那人听了这话，竟然真的放下了刀。同时为了仔细看清那个黑人的脸，一直开着灯，虽然犯人说过不让她开灯，但看她态度温和，就没有阻拦她。詹妮弗在这段时间里将这个闯入者的样貌铭记于心，然后趁着假装给他拿饮料的机会从后门逃了出来。

就在同一天晚上，还发生了另一起强奸案件，据警察推断是同一嫌犯所为。警察根据詹妮弗的证言描绘了模拟画像，詹妮弗从6名嫌疑人中准确地指认了嫌犯罗纳德·考顿。除了她的证言之外，警察并未找出其他关键物证。但在审判过程中，詹妮弗一直都在指认同一嫌犯的照片和声音，而嫌犯考顿的陈述却反复无常，最终陪审团相信詹妮弗是个可靠的证人，而考顿被判处了终身监禁。

两年以后，一位名叫鲍比·普尔的囚犯在监狱中公然宣称，强奸詹妮弗的人不是考顿而是他。于是此案件再度审理，但詹妮弗看着鲍比·普尔的脸说："我以前从未见过他，完全不认识这个人。"

她的回答干脆利落，没有丝毫犹豫。最终考顿被叛有罪，案件维持原判。

该案件发生10年后，一位律师认为考顿无罪，并提议检测罗纳德·考顿，鲍比·普尔、詹妮弗·汤姆逊三人的DNA。詹妮弗坚信这样可以让案件尘埃落定，便积极配合进行了检测，可 DNA 检测结果却令人震惊：犯人不是罗纳德 · 考顿，而是鲍比 · 普尔！尽管詹妮弗当初信誓旦旦，但事实却是将一个不相干的人认成了罪犯！

研究结果显示，通过 DNA 检测查出的错误判决中，有约 70% 是由目击者的错误指认造成的。詹妮弗因为对自己所见之物的确信，毁了一个人的一生。据说之后考顿被释放，并获得了一笔赔偿金。之后的日子里他和詹妮弗携手到各地演讲，向公众讲述有关错误有罪判决的问题。

他们所见之物

2015 年 6 月 1 日，在辛辛那提红人队和华盛顿国民队的职业棒球比赛现场，赛程已到 7 局，比分 3 ： 2，双方正在展开激烈角逐。此刻，轮到左手运动员乔伊 · 沃托击球了。

沃托没有向第一个好球挥棒；第 2 球，坏球，他未挥棒；第 3 球，好球，他挥空了；第 4 球界外球；第 5 球，坏球，他未挥棒，场上形成“两击三球”的局面；第 6 球，投手将球掷到了击打区以下，裁判喊出了“坏球”的判定。

沃托扔掉了球棒，慢慢地跑向 1 垒。获得沃托的四坏球保送后，辛辛那提主场观众狂热地拍打着双手，向进垒的沃托致意，直播解说团队将此刻描述为生死存亡时刻的救命保送。此后对方教练必须苦思冥想如何脱离这场危机。沃托进垒后，辛辛那提将优势扩大，比分变为 7 局 4 ：2。最终辛辛那提以 8 ：2 获得了整场比赛的胜利。

在阅读以上内容的时候，大家有没有觉得哪里不对劲？再读一遍大家就会发现，乔伊 · 沃托并不是在四坏球的情况下进垒，而是三坏！然而不仅仅是乔伊 · 沃托本人，投手、捕手以及直播解说团队、对方球队、观众全都没有发现这一点。棒球场上的所有人都放水了，制造出了这一“四坏保送”，并最终决定了比赛的方向。

大众所见之物

1963 年 5 月 3 日，著名的美国民权运动领袖马丁 · 路德 · 金（Martin Lutherking）在阿拉巴马州伯明翰市领导大规模游行，抗议种族歧视。美联社的一位摄影师比尔 · 哈德森拍下了当时的场面，并于第二天在《纽约时报》整版刊登，美国全境因这张照片而沸腾。

当时，马丁 · 路德 · 金和人权运动家们正在与美国南部的种族歧视法律政策做斗争，伯明翰是他们战斗的中心。照片中，一名黑人青年脚步踉跄前行，猛犬向他扑咬而来，白人警察王揪着他的衣领，黑人青年则手握警察的小臂，想要让他放手。青年的表情平静，让人们联想起甘地的非暴力不合作运动，触发了美国人心中求变的思潮。1 年后，美国议会通过《1964 年民权法案》，足可见一张照片的巨大力量。

然而事实上这张照片的主人公沃尔特·加兹登是一名高中 2 年级的学生，他并没有参与反对种族歧视的游行。他家在伯明翰和亚特兰大有两家报社，都在强烈批判马丁·路德·金。出身于极其保守家庭的他，和反对种族歧视没有半点关系，他仅仅是在放学之后前去现场围观。就在警犬突然间扑向他、白人警察想要让警犬松嘴的这一瞬间，摄影师按下了快门。之后，加兹登为了保护自己，还踢了警犬的下巴一脚，把它的下巴踢碎了。

前面提到的詹妮弗，沃托，加兹登有什么共同点？我们自以为看到的事物很生动、很真实，认为没有比亲眼所见更可靠的事了。若有人提出任何疑义，我们都可以理直气壮地大声回一句"这是我亲眼所见！"来将疑问粉碎。可是詹妮弗还是太过相信自己的视力，因为黑暗之中视物会有误差，所看的对象如果是黑人的话，可能误差会更大；乔伊·沃托是美国棒球联盟的保送王，曾四坏保送过好几次，于是球场上所有的人也许都陷入了保送王再度出奇迹的错觉之中；歧视黑人一直以来是美国社会的一大问题，而伯明翰是反歧视运动的主要舞台。人们难道不是带着这种刻板印象，对加兹登的照片进行了误读吗？

大脑所见之物

一个名叫大卫的学生在一次车祸中大脑受损，整整两周昏迷不醒，不过几个月后，他奇迹般地痊愈了。虽然他有时发音不清，但读起书来没有问题，认知上也没有大问题。只是这次事故之后，他不认识他的妈妈了，认为眼前这个女人只是一个很像妈妈的人，但事实上她是个假扮妈妈的骗子，同时他也不再认得他的爸爸。这种症状叫作“卡普格拉综合征”。

正如首尔和釜山之间有很多条路一般，视觉信息传递到大脑大致有 3 个路径。

路径 1：从空间上综合判断视觉场景，认知判断“怎么样”（或“在哪里”）。该路径可以帮助我们躲避飞来物体或伸手抓握物体。

路径 2：认知和描述视觉对象“是什么”。这条路径可帮助我们区分并分类物体。当路径 2 通过颞叶时，颞叶会将相关联想信息进行统筹。例如，小明和小红结婚了、有腰椎间盘突出、去读书俱乐部等信息，就是通过路径 2 获取。

路径 3：通过“怎么样”路径，对物体产生情绪上的反映。在该路径中，眼中接受的信息会经过杏仁核，然后引起情绪反映。不论我们看到的是什么，杏仁核都要和大脑负责判断过去记忆和情绪意义的部分共同作用。也就是说，这条路径会判断眼前的是敌是友、能不能吃、是否安全、是否危险、是否寻常。寻常之物无法激起任何情感起伏，但危险的东西使我们感受到强烈的情绪变化。这是因为杏仁核将恐惧的情绪传递到下丘脑，让人不由自主地做出逃跑的行为。

把妈妈当成是骗子的大卫在车祸中损伤了路径3的神经纤维。虽然通过路径2，他知道眼前的妈妈的样貌和脑中已有数据一致，但无法感受到对妈妈的感情。也就是说，大卫的大脑中认知和情绪之间联系被切断了，陷入了混乱。

人类非常讨厌不确定性，大脑也是无法忍受没有结论的事。大卫的大脑为了解决认知和情绪不一致的问题，将矛盾合理化处理，判定眼前的人是伪装成母亲的骗子。

判官不是“眼睛”，而是“大脑”。

我们可以用“大脑”看。前面提到的三条路径，被称为视觉信息的新路径。当然，我们还有旧路径。如果“新路径”损伤，而旧路径完好的话会怎样？一位新路径损伤的患者变成了无法视物的盲人。向墙壁上投射一道光，问他是否能看到，他说看不见。不过即便他看不见，让他触碰光点时，他却依然能用手触摸到光点。患者虽然不知道所看对象的模样，以前也从未见过，但能够用手准确地摸到光点上。这种现象叫作“盲视”。

我们不像蜜蜂一样可以看到紫外线，也不像蝮蛇一般能够看到红外线，不像一些蛾子一样能够在黑夜看到色彩，不像鸟、昆虫，甚至是植物一样能够看到偏振光。鸽子具有多色视觉，而我们人类只能看到红色、蓝色、绿色三种颜色。它们能看到那些颜色（我们认为它们能够看到那些颜色），是因为视觉信息在脑中进行了判断处理。

那么，颜色这种东西真的存在吗？事实上，自然界中不存在颜色。可视光的波长在一定的连续范围之内，并没有某些具体的颜色用来区分和明确该范围内的波的颜色。

眼睛还有盲点。眼球的构造导致我们的视野中有一个看不见的盲点。在眼球后方的视网膜上有无数视觉感应细胞，用来将光信号转换为电信号。要将光感受器接受的信息传递到大脑，需要神经通路，视神经将进入眼球的全部视觉信息通过小孔传送至大脑。这就意味着小孔部位没有视觉感应细胞。然而，我们在看东西的时候看不到那个小孔。这是因为大脑用自己想象的内容将空白的部分补充上了。也就是说，大脑将自己的观念，填充到了视野画布的留白之上。

书中所见之物

现在，让我们在前面的内容基础之上，再次回顾一下“用眼看”的过程，提出我们的疑问吧。我们真的是在用双眼真真切切地看着观察对象吗？我们的联想信息全都正确吗？我们唤起的记忆是真实的吗？认知和情绪之间的必然联系对我们有什么意义？鲁特－伯恩斯坦对以上问题的回答如下：

“客观的观察是不可能的。”

“看”是彻底的主观行为。客观的视线是虚像，我们看到的只有主观的观念。因此，詹妮弗会看错嫌犯，观众和选手们会看到乔伊·沃托获得四坏保送，人们会认为加兹登的照片传递了种族歧视的信息。

但千万不要为没有客观观察而伤心。正因我们能用主观意志将客观事物在心中进行加工，才有了进步和发展。主观观察是电脑无法企及的、人类持有的最强大的武器。因为我们总是用新的观点去看事物，所以我们能够不断创新。而一个人，或者说整个人类，之所以能够获得无穷无尽的观点，是因为有“书”这个媒介。

Chapter 2 · 观点与书

"真正旅程不在于造访一块新的土地，而在于用新的视角，用其他人的视角，用上百人的视角去看宇宙，他们每个人都在看，他们的目光中又有着上百个宇宙。"

——马塞尔·普鲁斯特（Marcel Proust），20世纪法国最伟大的小说家之一，意识流文学的先驱与大师，代表作《追忆逝水年华》

新视角产生惊人结果

1957年10月4日，苏联发射了世界上第一颗人造地球卫星，美国备受冲击。苏联为了证明卫星发射并非谎言，在"斯普特尼克1号"上安装了信号传送装置，3天后，美国约翰霍普金斯大学应用物理研究所的两位年轻的物理学家威廉·吉尔和乔治·魏芬巴赫用信号接收器捕捉到了这一信号，进行了录音并记录下了时间。最后两人利用多普勒效应，计算出了斯普特尼克在宇宙中的行进速度，并进一步确认了卫星的轨道。我们可以通过疾驰的救护车的鸣笛声体验多普勒效应：救护车向我们靠近时，声波的频率变高，音调变尖；当救护车向我们远离时，声波的频率变低，音调变低。所以一开始我们会听到救护车的声音越来越高，当救护车经过后，音调就渐渐降低了。

在其他同事的帮助下，两位研究人员用不到两个月的时间，完美地确认了斯普特尼克的轨道。突然有一天，研究所副所长将这两名物理学家叫到自己的办公室，问了两人一个他们万万没想到的问题：

“知道卫星的轨道后，是不是就能计算出地面上接收信号之人的位置了？”

这成了一项举世瞩目的发现！很快，美国实施了一项计划，就是利用卫星准确定位地面位置，这便是全球卫星定位系统（Global Positioning System，简称 GPS），现在 GPS 广泛应用于现代航海、手机、游戏、飞行器上，为人类生活增添了动人的光彩。

GPS 的发明让我们见识了何谓新视角产生的惊人力量。很多人在泡澡时看到身体浸入浴缸后水面上升，但没有就此深入思考过，而古希腊哲学家阿基米德（Archimedes）用新的观点去看待这一现象，看到了物质比重和排水量之间的关系；毕达哥拉斯（Pythagoras）用全新的视角去看待斧锤的声音，从而悟出物体长度和音频高低的关系；约翰 · 丁达尔（John Tyndall）用新的观点凝视无人质疑的蓝天，发现当天空中的光线遇到大气中的灰尘或其他离子时，会发生光的散射，形成一道道光束。

斯特拉文斯基曾言：“真正的创造者即便在最平凡卑微之处，

也能找出可观的价值。”鲁特–伯恩斯坦夫妇曾说：“伟大的洞察是‘世俗之中的庄严’，只有能够感知到一切事物中蕴含的令人惊异又内涵丰富的美的人，才能够找到这份儿庄严。”只有学会用新的视角看问题，才能从平凡而世俗的事物之中，取得令人瞩目的成就。

吉尔和魏芬巴赫说，GPS得以诞生，不能归功于他们二人的才能，而是因为有应用物理研究所这一“知识的栖息地”。换句话说，他们二人固然可以用新的视角去看问题，但若非有和优秀的同事们在研究所中进行多种观点碰撞整合的过程，不可能产生惊人的结果。

可以说，在大量接触其他新观点的过程中，更具创新性的观点就会诞生。美国哥伦比亚大学教授亚历山德拉·霍洛维茨（Alexanda Horowitz）写了一本有趣的书，名为《换一双眼睛散步去》（*On Looking*）。这本书记录了她和经常出没于社区中的11个人一起散步并观察四周的过程。当她和地质学家一起散步时，她发现都市里的岩石不再是了无生趣的石头，而是“海洋生物的墓穴”；当她和野生动物研究者一起散步时，才发现城市中竟然生活着豺等多种野生动物；当她和医生一起散步时，她知道了人的步态可以在一定程度上反映出病情。此外，她还和盲人、小孩子、宠物一起散步，这时的她发现，生活在同一个世界的生命正在用完全不同的视角看待着这个世界。作为认知科学研究者的她，将自己拥有的知识和观点，投射到了她的新视角之上，并将之转化变形，向我们展示了另一个全新的发现。

不过，有一个比和别人散步更简单，更有深度，更准确地邂逅新视角的方法——读书。读书是实现“视角采集”的最佳手段。

观读 1：读书过程中吸取观点

我们在读书时，就好比在用作者的视角看这个世界。我们一边读书，一边参与到那个与我时而相似时而相悖之人的意识活动中。我们用外国人、旅行家、文化人类学家、历史学家的眼睛看世界，通过深入准确地观察，转变脑中固有的定式思维。从而我们可以重新看待这个世界，又重新看待我们自己。阅读小说时，我们不仅能够体验作者的视角，还能够接触各种登场人物的视角。一名退伍军人阅读了小说《新爱洛漪丝》（*The New Heloise*）后，给作者卢梭写了如下一封信：

> “因为你，我都为她发疯了。你根本无法想象，她死后我是多么的痛苦。我已经很久没有流过这般痛苦的泪了。这本书对我影响至深，如果能在那崇高的瞬间死去，我甘愿赴死。”

这位成年男性读者，在阅读着一个和自己毫无共同点的平凡女性的禁忌之恋和其惨痛的命运时，竟呜咽了起来。他是生活于 18 世纪的军人，按说没有任何理由去和一位地位低下的女人产生共鸣，但通过书籍，他暂时成了她，用一种全新的视角体验生活。

1452 年谷腾堡发明印刷机后的 200 年的时间里，出版业成了朝阳产业，取得了长足发展，造纸印刷的生产效率提升了 20 余倍（比英国工业革命时期的增长速度还快）。17 世纪末，法国半数以上的国民能够识字阅读，18 世纪末，流动图书馆在伦敦和其他城市普及开来，到 19 世纪初期，其他欧洲国家的男性也有半数以上能够识字了。

历史学家罗尔夫 · 恩格尔辛将这一发展过程称为是“阅读革命”。伴随着出版业的繁荣，更多的人读上了更多的书籍。文盲率下降意味着人们能够进行更高层次的思考，丰富多彩的读书活动得以使人们吸取各种观点，从平凡的自我中跳脱出来。

甚至是牛顿这个与谦逊相距甚远的人也曾于 1675 年在寄给同为科学研究者的罗伯特 · 虎克（Robert Hooke）的信中坦言：“如果说我能看得更远一些，那是因为我站在巨人的肩膀上。”正因为他在读书过程中积累了新的知识和新的观点，才有了牛顿力学的诞生。

与阅读革命相伴的是人道主义革命的兴起。尝试成为他人，就是要理解他人。人们恰如那个读了卢梭小说的军人一般，开始理解女性、儿童、奴隶甚至是动物。印刷机发明后的 600 年间，人权领域得到了前所未有的发展。

"观读"是我自创的词汇，观读也是读书一法，其中又分两种。

第一种是在读书过程中吸取观点。

先浏览作者的大致观点，若其合理，则即便该观点不符合自己的一贯的观点，也大胆地采纳吸收，并试着进一步自我吸收。读小说的时候，则以各个登场人物的观点去探察状况。在本章后面的特辑部分，我将介绍一些能够在阅读过程中帮助你获得新观点的观读书目。

这些书的内容我没有一一核实，所以其中可能会有一些谬误，但既然是位列于书目之中，就说明我在阅读它们的时候得到了启发。我敢说，我绝不想再成为读书之前的那个我。因为我十分肯定，书中的各种观点已经让我更上一层楼了。

观读 2：带着一定的观点读书

观读的第二种方法是带着一定的观点阅读。

"普林顿 322"（Plimpton 322）是一块由楔形文字写就的古巴比伦泥板，上面有 15 个弦、勾、股数组，即毕达哥拉斯三原数组。毕达哥拉斯三原数组是诸如边长分别为 3、4、5 的直角三角形三边长度数组。古巴比伦人将普林顿 322 应用于建筑测量等实际活动之中。但即便他们掌握了大量毕达哥拉斯三原数组并长期使用，却并没有发现几何原理。而毕达哥拉斯应用了同一资料，却找出了几何定理“直角三角形两直角边的平方和等于斜边的平方”。这难道是因为毕达哥拉斯比古巴比伦人更优秀吗？

毕达哥拉斯主张万物皆数，称“和谐是美德”，并想要证明宇宙中只存在一个法则——“普遍真理”。难道不正是因为他在平时也持有这一观点，并以此来阅读世界，才能够发现毕达哥拉斯定理吗？

当神经医学家奥利佛·萨克斯（Oliver Sacks）博士首次接触抽动障碍患者时，他认为他们的抽动症状很特殊。第二天，他又在纽约的大街上看到了3名具有相同症状的人，第三天又看到2人。首次接触到抽动障碍患者后，他对此上了心，于是此前一直没有注意到的抽动障碍患者开始进入他的视线。

2012年，一个研究小组让参与试验的人员在午饭时空腹来到实验室，然后在给其中一半吃午饭、另一半保持空腹状态的状态下进行单词匹配测试。意料之中，吃饱了的人成绩更好，饿肚子的人根本无法集中注意力。不过，饥饿组的人在某一类单词匹配上表现远远超过饱腹组——在认知诸如“cake”（蛋糕）之类的单词之时。通过这一实验可以看出，我们在想着某一概念时，会更快地捕捉到与之相关的信息。

另一个研究则表明，与一般家庭的孩子相比，贫困家庭的孩子感觉硬币更大。给他们真实的硬币，然后让他们进行测量，当然，测量结果是一样的。贫困家庭的孩子必然会比一般家庭的孩子更关注“钱”，于是他们会有硬币比实际大的错觉。在注意力集中后，甚至还会产生“主观时间拉长”现象。被强盗抢钱或发生交通事故时，虽然时间短暂，但由于当时精神高度集中，会使人主观上认为该事件持续了很长时间。

综上所述，不管是主动还是被动，当我们的注意力集中于一点时，即当我们持有某一观点观察对象时，能够更精准地看到之前未曾看见的东西。

这个道理是不是也适用于读书？我的回答是适用。正因如此，我向大家介绍的第二种观读方法就是“带着一定的观点读书”。其效果定会超乎你的想象。

熟练运用观读的方法

开通博客后，我想写点儿文章，却很犯难，不知从何下笔。对喜欢书的人来说，从书评下手最简单，但对当时的我来说，写书评并不是件容易的事，超出了我的能力范围。读完一本书后，我打开笔记本电脑，想写一篇书评，但却一筹莫展，不知从何写起。于是乎我对书评敬而远之，改为写一些100字左右的简短评论。不过博客上并不适合写100字评论。

可是，慢慢地我的下笔难问题竟然迎刃而解了。以前，我都是等到书全部读完之后才提笔写书评，而现在变成了我为了写书评而加紧读书。一篇长书评就这样三下五除二完成了。

之前在读书的时候，我并不注重序言和目录。但要想写书评，必须迅速准确地把握作者的写作目的，并充分理解文章的结构，所以我开始关注序言和目录部分。看过这两部分之后，脑子里也就有了书评的大致结构，写书评也就不费劲儿了。

但是，带着一定观点读书也有一些弊端。秉持一定观点的话，很容易陷入“隧道效应”之中，会忽视掉自己不认同的观点。我带着写书评的心态读书的时候，很容易忽略掉对我的事业、家庭生活和写书等方面有益的东西。

据统计，消防员的死亡原因中，排在第一位的是心脏病发作，第二位则是交通事故。在交通事故中死亡的消防员，有80%没有系安全带。在赶去救人的路上，消防员们忽视了自身的安危，最终酿成了悲剧。但当目的清晰明确、万分重要的时候，观读是沿着隧道直达目的地的捷径，利大于弊。例如我在写书的时候，会切实使用观读法阅读。

我现在正在写一本有关“读书之法”的书，于是，我首先将与读书有关的书籍和我本身特有的想法整合，画一幅与读书之法相关的巨大图画。然后开始带着我的观点阅读这些书。于是，那些隐蔽的“宝石”就会自行暴露出来。我们可以一起来看一看之前在本书出现过的与“读书”没有直接关联的内容，它们就是我在观读过程中发现的宝石。

观读过程中挖掘到的素材：

读我：咖啡馆中恋人们的身体接触，乔治·彼得·默多克和唐纳德·布朗的人类共性，幻肢，潘菲尔德脑地图，脑的可塑性，吃热狗大赛，德韦克教授的儿子们的实验，表扬的反作用，关于红色和蓝色的联想，监狱实验，扔硬币实验；

多读：髓鞘形成，奥德修斯，索卡尔的论文乌龙事件；

泛读：首尔大学的实验，愤怒的猴子实验，飞行员智能测试，基蒂·吉诺维斯案件，罗诉韦德案，联觉，自由联想实验，癫痫患者的大脑，水蚤生殖，碳原子的连接性，贾雷德·戴蒙德的履历，范畴化，天动说和地动说，自我过高评价；

慢读：艾略特的故事，情绪的信息认知，理查德·戈特的预言；

观读：詹妮弗·汤普逊被强奸事件，乔伊·沃托四坏保送事件，沃尔特·加兹登事件，卡普格拉综合征，视觉路径，眼球构造，斯普特尼克发射与GPS，《换一双眼睛散步去》，普林顿322，毕达哥拉斯，奥利佛·萨克斯和抽动障碍；

若非带着“阅读”这个特定的观点去看，以上素材和阅读没有半点联系。但当我用特定的观点去看待这些素材后，它们的性质就发生了变化。它们就如同“鸟的羽毛”一般——起初羽毛的用途是保温，后来则变成了飞翔的利器。1971 年古生物学家史蒂芬·杰伊·古尔德（Stepnen Jay Gould）将这一现象称为“扩展适应”。

观读使这些素材扩展，适应了主题。前面我介绍的书目也是扩展适应的例子。原先自明的东西，有自己的价值和意义，但在具有特定观点的人脑中发生了扩展适应变化。观读适用于处理所有的素材。不仅仅是在读书的时候，在画画、跳舞、听音乐，或看电影时，都适用观读法。在做生意、投资理财、找工作、上班、育儿、教育子女和过宗教生活的时候，观读法也能大显身手。随便翻翻书和带着“如何提高咖啡店的销量”的观点阅读，所得的东西截然不同。

前面提到的两位年轻的物理学家是否是在斯普特尼克的启发之下，才苦苦冥想如何才能接收到卫星传来的微波信号呢？当时，魏芬巴赫正在撰写微波光谱论文。他的心中已经有一个观点了。那么，研究所的副所长是不是突发奇想去反向思维，从确认卫星的位置，想到用卫星来确认地面位置呢？当时，美军正在稳步开发北极星潜射弹道导弹，要想精确计算导弹的攻击轨道，必须知道发射导弹的准确位置。在陆地上定位不是难事儿，但要定位太平洋深处的潜艇位置，可谓海底捞针。也就是说，美军的想法此前便传递给了研究所。在《天才的13个思维工具》一书中有一句话：“发现两个明显相异事物共有的重要特能和机理，是世间一切伟大的学问和艺术作品、不朽的科学理论、工业发明的核心所在。”观读可以帮助我们去发现。

特辑 1　观读运用方法 1：我的观读目录

《人性中的善良天使》：ISIS 组织的恐怖袭击消息和每天的各种杀人、强奸等暴力新闻令人应接不暇，让我不禁产生“人类固然有所发展，但暴力依旧”的想法。然而通过此书，我知道了随着历史发展，暴力在不断减少。我们确实比先人更加文明了。

《天才的 13 个思维工具》：虽然我一直认为有必要加强艺术教育，但并不认为其重要性能和人文教育比肩。但这本书让我意识到，在教室中，应该将艺术教育和人文教育放在同等重要的地位。

《枪炮、病菌与钢铁》《伟大创意的诞生：创新自然史》《瞬变：如何让你的世界变好一些》《助推》①《异类：不一样的成功启示录》②等：环境和境遇具有超乎我想象的强大力量，它们能改变个人、团体、国家，甚至人类。

《果断：如何做好选择》：选择不是直觉也不是分析，选择的过程中我们变得更加卓越。所谓的洞察力是多么得不堪一击。

《思考，快与慢》《看不见的大猩猩》：我看见和感知后的判断之中，有无数意识不到的错误。“认识论的谦虚”是知识分子必备的基本教养。

《信号与噪声》③：未来无法预知，每一个事件能够被预测的可能性都不同。棒球比赛结果、选举和天气，是人类能够挑战先知的领域，

---

① 《助推》已由中信出版社于 2015 年 4 月出版。——编者注

② 《异类：不一样的成功启示录》已由中信出版社于 2009 年 6 月出版。——编者注

③ 《信号与噪声》已由中信出版社于 2013 年 8 月出版。——编者注

但对于经济、战争和地震，人类无法预知预演。

《性、炸弹和汉堡》：现代技术的源头是战争技术。在色情产业和食品产业中，战争技术运用得最为彻底。不论我们把交配、打架和吃喝看得有多低劣，它们都是人类的本性，是我们前进的强大动力。

《会讲故事的大脑》：我们的意识是完全彻底的大脑活动。

《股市长线法宝》：当做长期投资时，股市并不像我们想得那样危险重重了。不过，熬过漫长时间并不容易。

《把钱滚起来》：投资胜败不取决于时机，而取决于如何分配资产。每个国家的经济金融环境不同，因此需要适合该国国情的新理论。不能随意将美国的案例套在别国。

《与天为敌：风险探索传奇》：不确定性就是风险。

《反脆弱》①：不确定性可以被战胜。

《夕阳红：幸福的指南》：幸福取决于如何去认识和面对痛苦。

《这次不一样：八百年金融危机史》：从历史的角度来看，金融危机是家常便饭。

《黑暗大陆》②：以新的视角看民族主义的幻象和希特勒的诞生

《让创意更有黏性》：创造性并非与生俱来，通过努力也可得到。

《全新销售：说服他人，从改变自己开始》：仔细想来，我们每个人都是销售。

《沃顿商学院最受欢迎的成功课》③：利他心和利己心可以同时存在。利己的利他主义者能够实现超凡的社会成就。

---

① 《反脆弱》已由中信出版社于 2014 年 1 月出版。——编者注

② 《黑暗大陆》已由中信出版社于 2016 年 9 月出版。——编者注

③ 《沃顿商学院最受欢迎的成功课》已由中信出版社于 2015 年 1 月出版。——编者注

《浅薄：互联网如何毒化了我们的大脑》[①]：技术改变了大脑，也改变了精神。

《如何学习》：本书让我知道了单调重复的低效。

《量子故事》：其中蕴含着足以残酷碾轧我认知的理论（量子物理）。让我认识到了我的无知。

① 《浅薄：互联网如何毒化了我们的大脑》已由中信出版社于 2010 年 12 月出版。——编者注

特辑 2　观读运用方法 2：用观读法激活点子

带着特定的视角读书的观读方法，不仅适用于处理素材，更适用于工作、经商和投资。下面就让我们来看一看，如果用经营咖啡馆的视角阅读本书的话，能够得到那些启发呢？

1. 必须要读一读海因里希 · 雅各布的《咖啡的历史》。然后想一想自己掌握多少咖啡的知识，读了多少相关的书籍。

2. 不要给自己设定销售目标。当咖啡销售不佳时，不要轻易说“我不适合干这行”这种话。

3. 像小林尊吃汉堡一般，想一想能不能用新的方法降低成本，转换现有的思维，慢慢思考。

4. 创造环境很重要。咖啡馆的走廊、吧台动线是否最优？换句话说，客人进店、点单、拿饮品、就坐最后到结账出门的过程是否舒适？职员接单、制作咖啡并交给客人的过程是否顺畅？职员工作的状态如何？卫生间的位置如何？

5. 我是否像实验中那些守规矩不尝试的猴子一般，在咖啡馆中施行了一些不好的规矩？

6. 我深信不疑、万分景仰的大哥（经营咖啡馆 10 年）给我的建议全都中肯吗？我和他的店铺地理位置不同，需要遵守的原则是否也不同？连锁加盟总部说的话都是对的吗？他们是否只是在简单地照着操作手册给我答疑解惑，没有考虑到我的特殊情况？

7. 咖啡馆已经开了两年了，好像没有什么知识空白了，我对自己是不是评价过高了？

8. 我经常去其他咖啡馆吗？不局限于咖啡馆，我在其他生意好的店铺里，能够学到什么？

9. 据说看事物的不是眼睛而是大脑。那么，品尝味道的会不会不是舌头而是大脑呢？在咖啡馆中喝下的咖啡味道，是每个人的特性、品牌认知度、咖啡馆氛围、职员亲和度、喝咖啡时的情绪的集合。我能控制其中的哪些？哪些我不能控制？我要尽最大努力去改善能控制的那部分。

即便是一本讲述读书之法的书籍，用观读的方法，也能激发出这么多的想法。要是阅读经济营销类的书籍，奇思妙想一定会更多吧？

Part 6

再读：再次阅读

“读书不读第二遍，不能算是读书家。”

——松冈正刚，日本历史文化评论家

再读的真正奥秘就在于此。事实上，不可能有所谓的再次阅读。因为阅读的人已经变了。

对于一本书来说，读者永远是陌生的他者。

而这个陌生的他者通过这本书看到了过去的自己，也看到了变化后的现在的自己。

因此，再读是具有超凡意义的旅行，即所谓“自我的时间旅行”。

Chapter 1 • 自我的时间旅行

"人不能两次踏入同一条河流。"

——赫拉克利特（Heraclitus），古希腊哲学家，朴素辩证法思想代表人物

此刻读书，为我心安

有孩子的人肯定经历过这样一件事：孩子们总是缠着你给他们读同一本书，反复读上 10 遍甚至 20 遍。这是为什么？

作家拉里 · 麦克穆特瑞（Larry McMurtry）说，"以前读书，是为了冒险；现在读书，是为了安心。无论何时，书都在那里，都可以回顾，多么美好！"正如我们反复做一件事，是为了寻求内心安定一般。

人上了年纪之后，会变得知天顺命起来，不过孩童们眼中的世界，却时时常新，处处新奇。但同时，新世界中充满着不确定性。为了满足生存的基本需求，我们需要让自己的剧本，上演在时代的舞台之上。换句话说，我们脑中预想的世界，需要与现实世界同步。反复阅读的书籍，对孩子来说，就是一个固定脚本，

安全的世界。

回忆童年，我也曾读了无数次《三国演义》。尤其是“过五关斩六将”这一篇，我读了数百遍。关羽即便受到了曹操极高的待遇，依旧毅然请辞，去寻找刘备。在我看来，他的忠义形象实在伟岸至极。《三国演义》是我的精神庇护所。而这个庇护地，倒不如说更像是我的探险乐园。对孩子来说，当梦幻岛足够安全时，才会成为真正的探险家。

英国的一位精神科医生约翰·鲍比曾经做了一个有趣的实验，探索孩子们的安全感和探索欲之间的关系。实验开始时，实验人员将妈妈和孩子带到一个陌生的房间，让孩子玩游戏，然后让陌生的研究人员进入房间，妈妈则悄悄离开。实验中观察孩子在妈妈离开后以及妈妈回来后的反映。

孩子们有两种反映。一些孩子在妈妈离开时有些紧张，不过他们会再次拿起玩具玩耍，努力适应陌生的环境，妈妈回来后会开心地迎上去。而另一些孩子在妈妈离开后就慌张不已，神色不安，甚至开始哭闹，显然害怕陌生的环境，一直哭到妈妈回来。

刚才显露出的探索欲在恐惧之下瞬间蒸发。

不过，这两类孩子的特征都很显著。即便在陌生环境中也保持着探索欲的孩子们已经和母亲建立了依恋关系，而感到不安的孩子们却没有建立好这种关系。（但并不绝对，不排除实验存在其他因素。）该实验向我们证实了一个关键结论：在母亲（安全感）在场时，孩童的探索欲能充分地发挥出来。因此，实验设计者鲍比说："好的父母为孩子创造了一个安全的梦幻岛，激励孩子以梦幻岛为根据地，迈向世界尽情探索。"

那么成人还有探索欲吗？说出"现在读书，是为了安心"这句话时，拉里·麦克穆特瑞已经70多岁了。我虽然比他小很多岁，却对这句话深有共鸣。我一开始读书的时候，从来没有想过要把书再读一遍。当时我想，天下有很多好书我还读不过来呢，每周又有很多新书相继出版，哪里还有时间把读过的书再读一遍，多无聊。但读书量达到一定程度后，遇到好书的概率就开始下降了。书读多了，就渐渐有了分辨好书的眼光，但同时也经常遇到不好的书。这是因为多读家不仅读经过检验的书，也读许多别人没看过的书。读到不好的书时，真是灰心丧气。于是我也不知从何时起开始重新读起了经典。

"为我心安而读"。现在我也开始运用起了"三一定律"，即读三本新书，然后重读一本经典名作。日本历史文化评论家松冈正刚曾说："读书不读第二遍，不能算是读书家。"即便他是读书之神，在读书方面很在行，但这句话是不是说得有些过了？不，我觉得他说得很对。再读诚可谓神秘的读书之法。

神秘的读书之法——再读的力量

"今天我之所以将以前读过的书又翻出来阅读，是因为它们是我们珍视已逝岁月的唯一见证，是因为我怀念书桌上浮现的，那早已不存在的居所和荷塘倒影。”

这是普鲁斯特的《论阅读》中的一段话。他说，再次翻开旧书来读，是因为在阅读的过程中能够遇见过去的自己。只一瞥申荣福老师的《监狱里的思索》，我就会回想起那个二十几岁站在街边看着路牌迷茫不已的自己。当读到第一章《我用呼吸自我催眠》时，会再一次体会到那年那时感受到的战栗。

申荣福老师因统一革命党事件含冤入狱，被判处了无期徒刑。

那年他28岁。极寒浸侵监牢。“除了呼出的气之外，没有其他事物还尚未被冻住。”刀尖一般的寒光射在监狱中。气温越低，这光便越是锋利，好似反光的刀刃。老师看着这光，说：

“我想在这片闪耀中，竖一把寒彻的睿智之刃。”

我读这本书的时候，仿佛感觉到了监狱中刺骨的寒气。我想：“真的能在那个绝望的年代，在那个绝望的地方竖起寒彻的睿智之刃吗？”我点了点头，坚定地想：不坚韧，就要被打败。人生过往在我眼前浮现，我下定了决心：在绝望中，我也绝不动摇，要勇猛地刺出锋利的睿智之刃。这本《监狱里的思索》竟成了我的精神武器，用以迎接即将到来的中年。我毕生都将这本书放在身侧。因为在这本书中，有我二十几岁的灵魂，在寒气之中一呼一吸。

一位随笔作家斯坦·佩斯基也曾说过：“读书家一定有百万本自传。”《监狱里的思索》是申荣福老师的故事，同时也是我的故事，是我青年时写就的自传。

再读的过程，就好比重新梳理记忆的过程。沉浸在回忆之中时，我们的身体和心灵会变得更加健康。1979 年，有一位心理学家埃伦 · 兰格，将位于新罕布什尔州的一家修道远，营造出 20 世纪 60 年代的氛围，然后请一些七八十岁的老人过来小住。

他们看着 20 年前的电视节目，听着当时的流行音乐，笑谈着 1959 年的那场美式橄榄球决赛。老人们在一周内平均体重增长了 1.5 公斤，看起来更加年轻了，听觉和记忆力的检测结果也比之前更好，关节也更加灵活了。有 63% 的人智商测试得分比上周高了。总之，他们的生命焕发了生机。

另一项研究显示，回忆能不断提醒人们人生有意义。存在论认为生命会被连根拔起，回忆是克服生存危机的最强大力量。

乔治 · 维兰特（George Vaiuant）在《夕阳红：幸福的指南》一书中列出了 7 条幸福的必要条件。其中有 4 条和健康相关，有两条和教育及人际关系相关，剩下的一条比其他几条都重要。那就是“懂得如何应对痛苦”

乔治 · 维兰特的研究小组通过长达 70 年的研究，发现痛苦的程度并非是决定幸与不幸的最重要因素，如何应对痛苦才是。借用心理学术语，“防御机制”越是成熟的人，就越容易沉浸在幸福之中。从这个层面上说，没有比回忆更为成熟的心理防御机制了。

再读可以让人沉浸在回忆之中，而回忆会唤起幸福。于是我们可以得出，再次阅读，是在阅读幸福。

再读，自我的时间旅行

“我差不多读过5遍《米德尔马契》。不过直到去年，我才开始用一丝别样的眼光去看有关卡索本先生的那部分内容。30年来，我感同身受着理想主义者多罗茜的幻灭。直到现在我才开始理解卡索本的恐惧、他未竟的希望，以及无法被多罗茜理解的绝望。我此前从未想过有一天我竟能够设身处地去理解卡索本。但现在，我必须低头承认，我理解他了。乔治·艾略特肯定也是理解他的，虽然不知是否出于和我相同的理由。阅读改变我们的生活。从另一面来说，生活也改变了阅读。”

这是一位读书家玛丽安娜·沃尔夫的告白。她读了五六遍《米德尔马契》(*Middlemarch*)，才理解了卡索本这一人物，她从没想过会有这么一天。在长长的阅读时间里，她变了。人们往往无法意识到自己的变化。因为大部分人都觉得自己有一个确定的身份认同，认为除非有重大事故或意外打击，否则“我”很难改变。但即便大脑这样想，我们还是在不断变化。在再读的过程中，我们会和那个变化的自己相遇。

“我让哈姆迪博士试着唱一下《生日歌》。他轻轻松松地唱了出来，不仅没有跑调，歌词也准确无误。这和他说话时的状态形成了鲜明对照。”

这是拉马钱德兰教授的著作《会讲故事的大脑》中的一段文字。

哈姆迪博士在滑雪时脑部受伤，出现了“布罗卡失语症”（Broka’s aphasia）的症状。大脑的主要语言区域为布罗卡氏区和韦尼克区。布罗卡氏区主管句子构成，韦尼克区主管语言理解。像哈姆迪博士这种布罗卡氏区受损的人，可以表情达意，但话语断断续续，语法单调；而韦尼克区有问题的话，则话语流利，但话语本身没有任何意义。这两个区域由一种叫“弓状纤维束”的神经纤维相连，让我们能够流利地说话。

然而，患有布罗卡失语症的哈姆迪博士无法说出符合语法的句子，也无法流利讲话，但他能够完完整整地唱《生日歌》。最能解释这一现象的推测就是语言机能主要由左脑负责，而歌唱机能由右脑负责，由于哈姆迪博士只有左脑受到了损伤，所以能够流畅地歌唱。

我第一次读这本书的时候，只觉得哈姆迪博士的故事很有趣，却没有深入地思考。在《会讲故事的大脑》中有患了各种各样脑部疾病的人，而布罗卡失语症根本算不上新奇。但当再次读到这部分的时候，我才恍然大悟，直拍大腿。

我女儿说话早，词汇掌握能力和造句能力也比周围的小朋友出色，但却记不住歌词。这种倾向日益明显，话说得越来越流利，但歌词却根本记不住，自己想怎么唱就怎么唱。就在她处于这个阶段的时候，我再一次读到了哈姆迪博士的故事。

我发现正在变化的自己了。不知不觉间，我成了一位在子女身上倾注了许多心血的爸爸，开始用另一双眼睛看书。通过再读，我再一次感受到了这种变化，这真可谓是一个奇妙的体验。

我每年会定期做一些事，其中之一就是扔书。将要扔的书一本一本挑出来，才能腾一些空间出来。这些书也有一些我在读书菜鸟时期奉为“名著”的书，比如《货币战争》等。

我在对经济兴趣渐深之时接触到了《货币战争》，当时我不敢在论坛上对这部“大作”妄加评论，决定日后再写它的书评。而当我有所长进之后，反倒不能下笔了。因为我看到了《货币战争》的实质——一部低水平的阴谋论小说。

我再读此书时，虽然它已味同鸡肋，但也从另一个方面激励我要继续努力。再读过程中，我既为过去的自己惭愧不已，又看到了一个在读书中又精进了的自己。

赫拉克利特有一句名言，说：“人不能两次踏入同一条河流。”大家都知道，河水奔流不息，河水已变，已不再是当年的河。不过，赫拉克利特的这句话的后面，还有一句话：

“因为无论是这条河还是这个人都已不同。”

再读的真正奥秘就在于此。其实，不可能有所谓的再次阅读。因为阅读的人已经变了。对于一本书来说，读者永远是陌生的他者。而这个陌生的他者通过这本书看到了过去的自己，也看到了变化后的现在的自己。因此，再读是具有超凡意义的旅行，即所谓“自我的时间旅行”。

要不要在本周末来一次别样的旅行？那就读书吧！选一本曾深深打动过你的书，这本书会是你的自传，是你自己的时光旅行。

Part 7

笔读：边写边读

“备忘录是伟大的书。”

——查尔斯·达尔文，英国生物学家，进化论奠基人

仔细翻阅一下笔读过程中整理出来的资料，
你的眼中就会看到一些东西。
当看到那条脉络之后，你就会不自觉地想要发出声音，
生发出想要发表意见、想要呐喊的欲望。
于是乎，读者向作家转变的准备工作完成了。

Chapter 1 • 边画线边读书

"读书家一定有百万本自传。"
——斯坦·佩斯基，随笔作家

笔记与痕迹

奥古斯丁：这些书难道不会对你有所助益吗？

弗兰契斯柯：在阅读的时刻，它们真的很有助益，但是一旦书本离开我的手，我对它的所有感觉也就烟消云散了。

奥古斯丁：假如你在适当之处随手做一些笔记，你会很容易地享受到阅读的果实。

弗兰契斯柯：你指的是哪一种笔记？

奥古斯丁：只要看到似乎对你有用的段落，便做醒目的标记，这将大大有助于你的记忆，不然的话，它们可能飞得无影无踪。

弗兰契斯柯（Francesco）向奥古斯丁（Augustinus）倾诉着自己的苦衷，书读完了，不仅内容会忘，读书时的情感也会忘掉。奥古斯丁已经清楚地给出了解决方法，但我还是要在细说方法前，先给弗兰契斯柯些许安慰。

据记忆研究大师、德国心理学家赫尔曼·艾宾浩斯（Hermann Ebbinghaus）称，学习10分钟后开始遗忘，1小时后遗忘50%，1天后遗忘70%，1个月后遗忘80%。不要说是读书，就算是刻意地学习，一天之后都会遗忘掉七成内容。人类本就是健忘的动物。

美国斯克利普斯研究所（The Scripps Research Institute）的研究显示，我们的大脑不仅在记忆上具有能动性，在遗忘上也十分主动。世上并非只有好事。若大脑每天回想的都是不好的记忆的话，我们会疲惫不堪。为了生存，我们必须遗忘。叔本华甚至曾说过："要求读书人记住他所读过的一切东西，就如同要求吃东西的人把他吃过的东西都保存着。"但我们付出了宝贵的时间读了好书，若是剩不下点什么，就太令人沮丧了。奥古斯丁提供了一个方法来对抗遗忘——笔读。

笔读之争

所谓笔读，是一种读书时在书上画线、做记号、贴便签，甚至是读完之后提笔写文的读书方法。奥古斯丁说，笔读若是做得好，至少书中的内容不会全部被遗忘的洪水卷走。不过对于读者来说，笔读不仅仅有抗遗忘的好处。后面我会详谈。

在细说笔读之前，我们还有一个议题要讨论一番。大家都对贴便签和写文章没有什么意见，但在书上留下笔记这件事上，即便是有名的读书家之间，也大有分歧。比如，首尔大学教授赵国说，他从来不在专业书以外的书上画线或写批注。他认为下次再读的时候，从前写过的东西可能会影响自己获得新的体悟。梨花女子大学的崔在天教授也不喜欢在书上到处写写画画，有东西要写时，就写在便签纸上，夹在书页之中。这是因为他的书房同时也是学生和周边其他人的图书馆，为了他们，他努力保持书籍如新。金重赫的《僵尸》中有一段写道："（读书的时候）有好多地方都想画线写两句，不知不觉就把这本书当成自己的了，但最终还是忍住了。"

有一句拉丁语格言说："喜好不是争论的对象。"在对其他读书之法的看法上众人的观点较为一致，而就"在书上留下东西的读书之法"则众说纷纭，也没有相应研究来告诉大家哪一种方法更好（至少我是没有听说过）。因为涉及个人喜好，所以大家按自己的想法做就是了。之前提到的松冈正刚的《多读术是正解》中有一段话：

"养老孟司（东京大学名誉教授）曾经和我讲过，他总是用 2B 铅笔在书上做标记，渐渐地发现在家里或者旅行途中没有 2B 铅笔的时候，就静不下心读书。可以说手上没有铅笔，就没有读书的心情了。那 2B 铅笔是不是就是'养老读书术'的光标呢？没错，正是如此。"

在这句话旁边，有我潦草写下的"和我一样！！"的批注。虽然我很认同赵国、崔在天、金重赫，但还是站在奥古斯丁、养老孟司的这一边。我和养老孟司尤其像，以至于连写了两个感叹号。

我用一支红色的圆珠笔在书上画线、画重点号、写批注，以至于到了要是没有那支笔就无法好好读书的地步。"和我一样！！"的批注旁，我还写了一句"和去卫生间没带纸的感觉一样"，真的就是这种感觉！

很重要的部分没有画线，或者想起什么却写不了批语的话，就好似将到手的宝贝丢了一般难受。实在是找不到笔又想做记录的话，我就把书折角或者写到手机备忘录里。但这和拿一只红笔在手写写画画相比，终归少了那么一点儿感觉。

我把书读脏的理由

1. 为了读出书中精粹

我把书读脏的首要理由是要读出书中精粹，也就是"粹读"。所谓粹读，不是说从头到尾一字不落地把书读完，而是找到自己想要获取的信息，专门读想读的这部分内容。据说多读文章可以锻炼粹读的能力，也未可知。

我曾试过先粹读，然后再整本阅读，这应该不算是纯粹的粹读。不过，在你认为重要的地方做上标记后，以后再做粹读的时候，会非常有效率。

最佳的例子就是斯蒂芬 · 平克的《人性中的善良天使》。为了写如何读书，我重读了很多本书，又粹读了很多本书。

《人性中的善良天使》有 1 400 余页[①]，若把这本书从头至尾再读一遍，需要花费不少时间。但要是只粹读划过线、做过批注的地方的话，就能很快找到写书时需要参考的内容。如果你带着某种目的需要在短时间内粹读的话，笔读将会是你的最大的助力。

2. 为了更深刻地与从前读书时的“自我”重逢

我曾说过，再读是“自我的时光旅行”，但在非洲沙漠旅行和在亚马孙丛林旅行有本质不同。若做过笔读，再读的时候就能够真实地触碰到自我的多种面貌。看到画线的文句，会想：“啊，我之前觉得这里写得不错嘛。”看到画了重点号的地方，会想：“看来当时很有感触！”看到“和我一样!!”的批注和两个大大感的叹号，会想：“当初挺兴奋的嘛。看来很喜欢这段。”

斯坦 · 佩斯基说：“好读者一定有百万本自传。”若读过的书里一点痕迹不留，不能算是自传。只有当书中留下我感情的那一

① 《人性中的善良天使》中文简体字版有 1 048 页，斯蒂芬 · 平克著，安雯译，由中信出版社于 2015 年 7 月出版。——译者注

刻，这本书才能变成专属于我的独一无二之物。因此，“再读之不可能”的理论进一步深化。笔读时，不仅读书的人——“读书家”变了，书本身也变了。不仅对于书来说读者是陌生的他者，对于读者来说，书也成了一个常变常新的事物。

筹备本书时，我再读了许多本书。因为每本书上都留有我的痕迹，所以给再读的过程增添了很多乐趣。再读篇中提到的“哈姆迪博士”的故事旁边，写着“高洁（我女儿的名字）”二字。通过这条批语，我清晰地回忆起了我那时的模样。接着，我在旁边又添了“再读”二字，意思是日后若写有关读书方法的书，这段可以用作是“再读”篇的素材。在笔读的过程中，哈姆迪博士以全新的面貌在本书中复活了。

从读书家到抄写者

在古代苏美尔，老师会把写有短小句子或格言的泥板送给学生，泥板的背面没有写字。学生读完泥板后，会在空白的背面抄写下前面的文字。这时，学生的身份转换，从读书家变成了抄写者。仅仅在书上画线还不够，我觉得有必要把自己认为很重要的内容单独抄写下来。

朴雄铉在《书籍是斧》中曾说：

“在读书的时候，我是先把好的部分、有感触的部分画线，读完一本书之后，将它们誊抄下来。在本次讲座上，我想把通过这种读书方法收集到的、我曾感受到的‘共鸣’传递给大家。”

这样读书的确很麻烦。不过抄书大致有两方面好处。

第一，比起阅读书上的画线部分，摘抄可以使“粹读”效率最大化。把摘抄内容储存到电脑里然后上传到云端，就能随时随地用手机回顾，极为高效。

第二，摘抄可以为写作打基础。摘抄的文章里面有很多好的句子，通过摘抄可以积累很多好的句子结构和表达方式。这也是为什么许许多多的写作指导、教材和专栏让大家做摘抄的原因。

不论是松冈正刚还是朴雄铉，他们都会做类似的书籍整理工作。他们专门有一个摘抄本，看到心仪的章句就誊抄到本子上。不过松冈正刚在摘抄的基础之上又更进了一步，他还会写大事年表，将书中出现的历史事件按年排序记录下来。如此一来，政治、美术、音乐、科学的历史事件就串在了一起。

我不如朴雄铉和松冈正刚勤勉，做不到他们那么精细，只是每每在读书的时候收集名言。到现在为止，我已经收集了 1 000 条名言了。

不过摘抄和其他事物之间存在着有趣联系。朴雄铉的笔记变成了讲义，最终成就了《书籍是斧》这本书。松冈正刚的大事年表，最终在日本电报电话公司（NTT）纪念电话开通 100 周年之际，以《信息的历史》为题出版成书。

我在写书时，真切地感受到了熟知很多名言对写作的巨大帮助，于是更加认真的收集起了名言。就这样，我的第三本书《一开始谁都不会走》问世了。这本书的原题为《名言，生命的答案》。可见，变成抄写者的读书家很有可能成为作家。

从抄写者到作家

曾有一句名言说："写作是完整读书活动的终点。"

虽然我心中的读书活动的终点是"掩读"，但很难找到更简洁贴切的话语来形容写作和读书之间多么的密不可分了。

古希腊的辩论家、演说家、政治家、学者们平时收集大量的案例，整理成"资料集"，需要用的时候能立刻拿出来用。据说这是从亚里士多德写 *Ta Topika*① 一文开始流行起来的，因而这些资料集被称为是"topica"。英语则是"topic（话题）"。这种资料集与我、朴雄铉、松冈正刚的笔记类似。

当把这些资料整理在一起后，会发生什么呢？鲁特－伯恩斯坦说："理论是资料的模式。"仔细翻阅一下笔读过程中整理出来的资料，读者的眼中就会看到一些东西。当看到那条脉络之后，读者就会不自觉地想要发出声音，生发出想要发表意

① *Ta Topika* 意为平凡小事。——编者注

见、想要呐喊的欲望。于是，读书家向作家转变的准备工作完成了。

可是有的读者书读了很多，资料也认认真真地整理过了，也有一颗写作的心，却在提笔时心生畏惧。让我们在回想一下“读我”篇的内容。

我们的大脑是说话的大脑，不是读书的大脑，同样也不是写作的大脑。但大脑可以改变。当我们心里想着“能够改变”的时候，我们的行为就会随之发生变化。

虽然也有不少的天才生来就善于写作，但 99.9% 的人在读了很多书、写了很多文章之后才变得擅长写作。换句话说，写得不好不能算是不愿写作的理由。我现在再看原来写的文章，也会惭愧不已。而现在，即便我还不够好，但正因为我踏着羞耻的过往走了过来，才走到了今天这一步。大神级棒球运动员贝比 · 鲁斯（George Herman“Babe”Ruth，Jr.）不是也曾说过：“为了回到本垒，必须按顺序踩上一垒、二垒、三垒、本垒。”

如何开始写作？

写作时，按说写什么类型的文章都可以，但我认为一开始可以从学习李泳禧老师的开始。

以下是李泳禧老师在大塚久雄的《社会科学方法：马克思和马克斯 · 韦伯》的书后记录的内容：

"1971.1.15. 共同通信社。工作中，晚 10 时 15 分。为了表达对婆媳关系不和的抗议，我在值班室住了一周了，看完了这本书，决定明天回家。"

这是与书相关的一件小事。大家也不用有压力，不一定要写与书本内容相关的东西。轻轻松松地写一写与书相关的事情，或当天发生的事就行。假如坚持写下去的话，我相信写作内容会随着写作次数的增多而变得越来越丰富。

以下是李泳禧老师在末川博的《法与自由》卷尾写下的文字：

"1968.3.5. 朝鲜日报 4 层角落。正在读本书《权力和反弹》一章，一篇题为《〈公务员罢工权部分限制提案〉军事政府构想中》的报道登载在了报纸上。'希望劳动者自愿放弃罢工权'，这是当权者说出来的话！让劳动者自愿放弃罢工权，想得美！"

这段写的是与书中内容有关的想法。就算只有一句话也可以写。

一句一句话积累起来，日后就能质变成为优秀的文章。

以下是李泳禧老师在朴正熙军事政权的思想压迫最深重时，读完 J.B. 伯里（J. B. Bury）的《思想自由史》（*A History of Freedom of Thought*）后在书后写的一段话：

"在今日韩国的社会意识形态及政治权威下，这段超自然神学理论和教会的权威大行其道时人们为解放人类和人类理性而斗争的历史，仿佛正在诉说着我们势必要为思想自由战斗不息的现实和未来。源于基督教的思想压迫和反进步思潮，现今正由这个国家的政治意识形态主导施行。此政治意识形态为了维护权威、强迫民众使用的手段之极端，也和中世纪基督教的当权者相同。

即便如此，也必须要承认，人类的思想史和文明史，是一部反人性的压迫势力的失败史。若无此认知，则为自由思想斗争之人将长期找不到希望。

1968.5.1 夜。"

这段写的是一段短小的书评，概述了书的内容，又附上了一段对此书的评价。开始时你可能有些吃力，但若持之以恒地整理画线内容、将自己的见解以短句的形式写出来的话，你会发现在不经意间你已经具备了写简短书评的能力。

若你已经迈出了写书评的这一步，我认为接下来你最好鼓起勇气在脸书或博客上把自己的书评发表出来。文章发表后，就会有不少要操心的事情了。你可能会为他人的评价而烦恼不堪，也可能会受到他人的批判和驳斥。

但同时，你也会在众人的反馈之下，发现自己的缺点，摸索到提升的方向。我也曾在分享文章的过程中获益匪浅。

写好文章的方法

那么我们如何才能写好文章呢？柳时敏在《柳时敏的写作讲座》如是说：

“文章有两种类型，一种才能很需要天赋，一种才能不是那么需要。就此，我将文章大致分为两大类：创作性文章和应用性文章。诗歌、小说、戏曲属于创作性文章。论文、评论、报告、专栏、判决书、教程、说明书、报道资料属于应用性文章。人物传记和报告文学处于两者之间。文学创作非人人皆可为之。而应用写作人人皆能。就写作这方面而言，我说的这些话对于那些想要成为诗人或小说家的人来说，恐怕没有多少助益。但我相信我讲述的内容，对于想要写好生活中需要的实用文章、想要将生活的感悟写出来的人来说，是实实在在的指南。”

我没有挑战过文学创作，因而不知道努把力能不能写好，但柳时敏的其他观点恰好是我想说的。以下是我自己简单总结出来的“写好文章的方法”。

1. 多读是关键

多读是不可避免的环节。想写好文章，必须多读。读书是写作的起点。

2. 先想“写什么”，再想“如何写”

必须首先想好文章的论点是什么。要是只思考如何把文章写好，绝对不可能写出好文章。即便大家认为我说的都是些老生常谈，我依然要强调，没有找到“立文之本”，文章就是无用之物。在自己从事的工作、专业或关心领域寻找主题的话，获得文章的论点会出乎意料地轻松。而最简单地找论点的方法是写书评。要是实在想不出要写什么的话，写一写正在读的书也行。

3. 做好资料收集工作

我认为充分搜集想法和资料后，就算是完成了 80% 的写作活动了。例如这本书，从开始下笔到初稿完成总共花费了不到 1 个月的时间。但花在收集资料上的时间有 3 个多月。当然，有三分之二资料是从以前读过的书中收集而来的，但即便如此收集资料还是花费了足足 3 个多月。以下是姜元国在《总统写作法》中对收集资料的精彩描述，我完全认同他的想法：

> “文章是一场战斗，是列举理由去证明想要揭示的观点，向读者证明论点的合理性的战斗。在这场战斗中，胜负取决于你收集了多少好的资料。资料翔实，其中必有路。收集资料的过程中还会产生新的想法。甚至有时文章下笔时已经和你从前定下的写作方向完全相悖。这就是资料和思想相互作用的结果。”

4. 力求简洁有力

美国报业巨头普利策（Joseph Pulizer）曾说：“无论什么都

要写短一点儿，这样才有人读。”这里的“短”不是说文章，而是说句子。写作大家们都赞同这个说法。我也在有意识地努力写短一点儿，使文章简洁有力。

5. 利用故事

马尔科姆·格拉德威尔，迈克尔·刘易斯（Michael Lewis），希思兄弟，丹尼尔·平克（Daniel H. Pink）是深受读者喜爱的美国非虚构类文学作家，他们写的虽然不是小说，但却很善于将自己的理论蕴含在故事之中。

美国小说家E·B·怀特（E. B. White）说：“不要写整个人类，要写一个人。”写整个人类，需要理论支撑和统计支持，而写一个人只需要故事。当然，其中效果最佳的是自己的故事。

6. 明确读者对象

马歇尔·麦克卢汉（Marshall Mcluhan）曾说“最好的媒介就是使用对方的语言”。我们知道了某些事情之后，就失去了知道该事物前的感觉。这便是陷入了“知识的诅咒”。若对文章的目标读者没有正确认知的话，就会陷入“文章的诅咒”。若读者不知道你到底在说什么，文章就等于白写。写文章需要用心去想象你的读者思维，尽最大努力写出你的目标读者能够理解的文章。

7. 贵在坚持

阿兰·德波顿（Alain de Botton）有言道：“我努力做到每天

写作。若等灵感降临，我将一句话也写不出。”《总统写作法》的作者姜元国曾说，文章要用“屁股”写。在非写不可又写不出来的时候，我经常使用一种绝佳的秘法，那就是“继续写”。

8. 穷则思变

写到一半卡住的时候，我会使用两种方法：第一，写作前收集与文章主题相关的名言。写作时，将这些名言从头至尾读一遍。若进行不下去了，就将这些名言再读一遍。这样一来，堵塞的水道就会畅通；第二，搜索与卡住部分最贴近的关键词。然后把新闻的题目和导语依次浏览一遍。这些新闻中总有一些让你眼前一亮。然后再从新闻中的内容入手下笔。

9. 反复推敲

海明威说：“所有初稿都是抹布。”我的初稿尤其如是。知道初稿肯定会是一团抹布之后，写作时心就会静下来了。写完初稿之后，再在推敲文字上下大力气。普鲁斯特曾说：“维护语言的唯一方式就是攻击它。”逐一去追击词汇、词组、文章结构、逻辑关系、整体结构，打响“全面战争”，直到抹布变成绸缎。

通过笔读制作备忘录

将书中画线的部分、对这些内容的思考，还有为写作而收集的资料，以及自己的文章收集起来，一本备忘录就诞生了。备忘录使得世界著名科普作家史蒂文·约翰逊（Steven Johnson）捕捉到了微弱的“慢灵感”。

进化论的创始人达尔文在自传中写道：

“1838 年 10 月，也就是我开始系统探索的 15 个月后，我为了消遣，偶然读到了马尔萨斯的《人口论》。由于我长期不断观察动植物的习惯，对这种到处都存在的生存斗争，早已认知接受。在生存斗争的环境中，有利的变异得以留存，不利的变异就常常被消灭，从而会形成新的物种。我终于得到一个说明进化作用的学说了。”

他的话语让我想起了阿基米德的“尤里卡（我发现了）！”。[①]

几年后，学者阿尔弗雷德·拉塞尔·华莱士（Alfred Russel Wallace）也独自提出了自然选择理论，他也从马尔萨斯的理论中得到了灵感。可以说，自然选择理论建立在马尔萨斯的理论基础之上。然而在 20 世纪 70 年代初，人们发现了新的事实。心理学家兼知识历史学家霍华德·格鲁伯对达尔文厚重的备忘录进行了细致入微地研究，发现与达尔文的自白不同，其实进化论的灵感早在他接触马尔萨斯的理论前就已经写在备忘录中了。达尔文说，自己在 1938 年 9 月 28 日接触了马尔萨斯理论，而他在 1937 年就已经在备忘录中详细记录了变异的重要性、自然选

① 阿基米德在洗澡时发现浮力原理，大声喊出的一句话。——编者注

择和人工选择的联系、不同种生物间的生存竞争、同种生物之间的生理关联性，以及进化的庞大规模等所有理论核心概念。甚至在接触马尔萨斯理论的几个月前，他已经在备忘录中写道：“所有动物，在长时间内（应该是受环境影响），产生了数万个变种，是不是只有其中最能适应的活了下来？”

换句话说，他只是自己没有意识到这一点而已，其实他在接触马尔萨斯理论之前，已经将打开自然选择理论大门的关键钥匙攥在了自己手中。

难道说达尔文“受马尔萨斯理论影响顿悟自然选择理论”的说法是在自作多情？

史蒂文·约翰逊的说明如下：

“很难准确地说出达尔文是在哪个时间点顿悟的。因为灵感不是瞬间迸发出来的，而是像海浪一般，持续不断地缓缓涌入意识之中。早在阅读马尔萨斯《人口论》前的几个月，达尔文的自然选择理论已经在脑中呈现，但他却未曾加以梳理。这是“慢灵感”的成熟方式，悄无声息地、缓慢地在眼前呈现。”

达尔文的备忘录厚达 1 751 页，其中有达尔文从其他资料中提炼的精粹，有即兴闪现的新想法，有存疑的内容，还有图表等。他不停地翻来覆去阅读自己记录下的内容，从中找寻新的灵感。在过去与现在的自己的不断冲突之中，他的灵感开始孕育。

当接触到马尔萨斯的理论之后，孕育多时的灵感终于成熟了，直冲云霄。“尤里卡（我发现了）！”只不过是“慢灵感”最终呈现的模样。但可以十分肯定的是，“慢灵感”是从笔读，即从记录下来的东西之中孕育而生的。

爱迪生死于1931年，留下了超过3万页的笔记和书信。通过这些资料就能清清楚楚地了解他是如何申请了1 093件专利的。

通过备忘录，我们还可以发现一个有趣的事，他在电影发明专利保护申请书的首页写道：

“我正在测试一个能够向耳朵传出类似留声机声音、眼睛看到画面的装置。……该项发明用一连串连续摄影的照片……正如用留声机录制声音一般，用气缸或者机盘螺旋着连续记录下来。”

可以看出，爱迪生在之前发明留声机的时候就想出了放映机的点子。

研究人员称，爱迪生的发明并非人们想象中的那样每个都是奇思妙想，实际上每种发明之间都有很深的联系。留声机和放映机，这两种发明物都有轴承和气缸，都有解读已记录信息的螺旋式装置。而且两样东西的发明时间相差不到10年。这就是备忘录的力量。

爱迪生常常仔细阅读自己从前积攒下来的资料，从旧的灵感中汲取新点子。即便从失败之中也能汲取灵感。

目前为止我已经写了 5 本书，虽然主题各不相同，但每本书都会受前几本书的影响。例如，“笔读”部分的前半段内容已经在我的第 3 本书《一开始谁都不会走》中出现过；第 5 本书《名著：商务回答》对“慢读”部分影响颇深。我的备忘录则给予了我以作家身份前行的动力。

海明威说过：“我感到难写下去的时候，回去读读自己的作品让自己高兴高兴。于是我就回想起写作总是困难的，有时候几乎是办不到的。”我也常在写不下去的时候，看看我以前写的书和文章，获得一些安慰，让自己振作起来。

不过，反复阅读备忘录不仅能安慰自己，还能使慢灵感成熟起来，催生新灵感。说不定某一个新灵感就会改变你的人生。

写作的力量

愤怒是一种非常不好的情绪。愤怒是“破坏感情的情感”，不仅会带来压力，引起头痛、肠易激综合征、高血压或脑出血，使自己的身体受伤，还会伤害到他人。

心理学者马丁 · 塞利格曼（Martin E. P. Seligrman）对 400 名成长在父母经常吵架家庭中的儿童进行了为期 5 年的观察，结果显示这些孩子长大后患忧郁症的概率更大。愤怒不仅会破坏感情，还会使自己和他人受伤。并且长期处于愤怒以及其他负面情绪下，会招致各种负面结果。我们怎样才能净化这些负面情感呢？

精神分析学说创始人西格蒙德·弗洛伊德（Sigmund Freud）说，人会无意识地“挤出”自己不喜欢的想法。这些无意识挤出的想法会逐渐积累，相互结合，使心理能量渐渐升高，最终以各种负面形态出现，对意识产生影响。

因此，我们会患忧郁症、焦虑症、神经官能症。弗洛伊德主张，这种无意识能量引发问题之前，只有解除思想的压抑，才能维持心理的安定。他还指出，正因为我们用暴力压抑了情感，所以才无法从愤怒中拜托。压抑的负面情绪需要爆发。在大喊大叫、打击沙袋、扔东西的时候，我们能够净化愤怒。弗洛伊德式的这种净化方法叫作“宣泄”（catharsis）。

亚里士多德在《诗学》（*Poetics*）中说，人们观看悲剧时，会因主人公的悲惨命运而激发出愤怒等负面情绪，从而将心中潜藏的负面情绪净化掉，获得感情净化（catharsis）。“catharsis”的本意是“排泄”。只有将积累的愤怒和负面情绪排泄掉，才能得到净化。不过在20世纪70年代，新罕布什尔大学的一位社会学家默里·施特劳斯在一对夫妇身上使用了弗洛伊德式的治疗方法，却出现了反效果。为宣泄不满，他让他们大喊大叫，并让他们把奶瓶想象成配偶进行啃咬，过后这组夫妇依旧争吵不断，甚至吵得更严重了。

加利福尼亚大学圣地亚哥分校的艾弗·艾佛森研究小组听说附近的一家企业近期会大量裁员，立刻前去调查。公司与职员们签了3年合同，但刚满一年就要把职员解雇了，所以职员们都怒意满满。研究小组让其中一组表达出自己对公司不负责任的行为的愤怒，而对另一组则进行与解雇无关的普通问卷调查。测试发现，表露情感的一组对公司的敌意增强了。

伟大的心理学家威廉·詹姆斯（William James）曾说："人因哭泣而伤心，因敲打而愤怒，因战栗而恐惧。"

这是因为我们的大脑对情况进行多角度判断，而判断根据之一就是我们的生理反应本身。流泪哭泣后悲伤并未消解，大脑在识别我们留出的眼泪和发出的呜咽后，会让我们更加悲伤。宣泄理论已经过时许久，但我们现在还能在电视剧里看到有人对朋友宽慰说："好吧，痛快哭吧！哭完就好了。"

那我们怎样才能控制负面情绪呢？加州大学心理学教授马修·利伯曼（Mattew Lieberman）给一组参加实验的人员看了各种各样的图片，然后让他们挑选出最能表达照片情绪的单词。他们看着照片，找出了"生气""害怕"等单词。研究发现，即便让他们看令人不快的图片，当正确说出该图片的情绪后，他们的压力便会减少。

另一项研究称，能够很好描述自己情感的学前儿童，与其他孩子相比，情感爆发的情况更少，以后的学习成绩也会更好，也会更受朋友欢迎。此外，考试前将考试焦虑写出来的高中生，比不这么做的高中生成绩要好。这意味着，情感表达并不会净化情绪，而情感描述才是真正起作用的好方法。

这种方法在心理学上被称为“情绪标签化”（affect labeling）。

马修·利伯曼教授在进行了多项研究后发现，情感净化的最有效方法就是“情绪标签化”，越是负面的情绪，净化效果就越好。

“情绪标签化”时，大脑中前额叶皮质的活动增强，而杏仁体的活动减弱，这意味着大脑正在从动物向人转变，从本能驱使向理性驾驭转变。在感情并不流露，只描述感情本身之时，人在不知不觉间完成了“自我节制”的过程。

消除愤怒和悲伤的最佳方法是去除导致情绪变化的原因。但人生在世，肯定有无法掌控或解决的问题。于是我们必须要学会管控自我。负面情绪出现时，如果我们大喊大叫或痛哭不已的话，反而不会得到净化，而是很有可能感情爆发。因此，激烈的负面情绪突然来袭时，最有效的方法是将与情绪相关的一切写成文字。让我们静静地坐在椅子上，写下我们此时此刻感受到的情绪吧。也许找找资料，写下这些感情对我们的负面影响会产生更好的效果。也可以试着召唤一个与我们处境相似的小说人物，让他与自己的情感一同起舞。这样一来，写作便成了寻求心境平和的旅程。

Part 8

朗读：出声阅读

“诗是我的。可是朋友，当你朗读这诗时，可以将它看作是你的。”

——马提亚尔（Marcus Valerius Martialls），罗马帝国诗人

朗读要求我们在阅读文章时带着更多的情感。

虽然这样会倾注更多能量，但我们也会得到相应的好处。

通过更深入地理解文章，我们得以在更高更深的层面上与作者邂逅。

Chapter 1 • 朗读的力量

"信道是从听道来的……"
——《圣经》

朗读的历史

至今为止只有一部电影，让我在影片落幕、员工给我眼色让我离开之时，依旧久久沉浸其中——《指环王》(*The Lord of the Rings*)。我本就喜欢穿插神话的中世纪风格的奇幻电影，而这部作品刚好是此风格的绝佳代表，让我深受震撼，甚至无法起身。这部电影的原作者是 J.R.R. 托尔金（John Ronald Reuel Tolkien)，是近代奇幻文学的鼻祖，同时也是几乎所有角色扮演游戏原型的灵感源头。

20 世纪 30 年代的某一天，托尔金心情愉悦地走进了一家酒吧，酒吧位于牛津附近，名为"鹰和婴"。他的朋友 C.S. 刘易斯等人正在等他。那天，托尔金准备在那里朗读他的小说初稿，因为那正是托尔金、C.S. 刘易斯等牛津大学知识分子成立的一家读书俱乐部——“想法”读书俱乐部。说实话，比起人们熟知的托尔金，我更喜欢刘易斯，我有他的全部作品。想法小组也是我在读刘易斯的过程中发现的。据说托尔金和刘易斯二人友谊深厚。

托尔金在将刘易斯从无神论者转为基督教徒的过程中影响很大，两人曾就《圣经》和神话展开了许多探讨（后来刘易斯成了20 世纪最伟大的基督教思想家）。人们普遍将《指环王》、《地海传说》系列、《纳尼亚传奇》（*The Chronicles of Narnia*）并称世界三大奇幻小说，而《纳尼亚传奇》的作者正是刘易斯。在读书小组中，托尔金的小说常遭受组员攻击，每当这时，刘易斯就会站出来支持他，并很有风度地让在座的诸位安静听。

朗读为何风行？

“大家平时读书的时候，是出声朗读，还是安安静静地默读？”在做读书方法的讲座时，我得到的反馈结果是，100 人中只有 2~3 人朗读。朗读是正在消逝的读书方法，这与过去的情况恰好相反。所谓读书，原意就是朗读。

奥古斯丁在《忏悔录》（*Confessiones*）中有一段描述，说当他看到安布罗西乌斯主教不出声音默读时，非常惊讶。据说在同一时期，亚历山大大帝也为部下默读自己母亲来信的行为而大惑不解。可见在当时，默读并不寻常，反而是怪异的行为。在西欧，直到 10 世纪以后，默读才变得普遍起来。那是什么原因使得朗读之法在古时候风行了许久呢？大致可能有如下两个理由。

第一，古代不是记录文化，而是口传文化。正如我们从非洲俗语“死去的老人仿佛一座燃烧的图书馆”中体会到的一般，生活的智慧通过记忆了无数知识的老人的话语来传授。虽然我们都知道文字对现在的人类历史影响巨大，但在当时，文字的发现并不算是个大事件。文字只不过是不在场之人让自己的话语随时都能说出而写在纸上的对话。

读书的古典表达为“字留音飞”[①]，大家都认为其意思是“文字写就之物永远留存，话语表达之物消失在空气中”，但其实在古代，其意思恰恰相反，这段文字其实是在说“写成文字的东西将会永远死去，而被人大声朗读的文本才能拥有灵魂，获得生命，插上翅膀振翅高飞”，这是对口传文明的赞扬。

自然，在从前的图书馆中，也很难找到现在我们能感受到的那种“庄严的肃静”。

亚述巴尼拔王的大图书馆被公认为是世界上最早的图书馆，为了唤起其中著作的灵魂，这里曾十分吵闹，人们总是口沫飞溅地讨论争辩。

古希腊哲学、西方哲学的奠基者苏格拉底甚至厌恶书面文化。在苏格拉底看来，“话语”是充满了意义、声音、韵律、强弱和节奏的流动实体，是能够在探讨和分析的过程中产生无穷变

① 原文为“Scripta manet，verba volat”。——译者注

化的事物。而“文字”只是些死亡的言论，是不变的沉默。在用对话的方法向弟子们灌输新思想的苏格拉底那里，文字没有得到好的评价。他甚至认为，文字破坏了人们的记忆。

在口耳相传的文化中，记忆担当着保存和传承现有文化和社会知识的重要角色。若人们只依靠于记录的话，记忆能力就会下降，站在整个社会的角度，记忆力下降极为致命。我曾经嘲笑过苏格拉底“记录支配记忆”这一名言。但考虑到当时的情况，就会发现苏格拉底的话很有道理。这是因为当时口耳相传的文化是主要文化范式，而能够便捷地记录保存知识的工具又非常脆弱。

朗读成风的第二个理由是以前没有“隔写”。如前所述，文字是为了话语而生。反正最终是要读出来的，所以没有必要发明隔写和句读。你若试着读一读没有隔写的文章就会发现，这种东西默读起来很难，但朗读起来倒没什么困难。

有趣的是，几大古代文字的共同点之一便是几乎没有“隔写”，而读文字的方向却是各式各样。现如今我们阅读时是从左往右读，而犹太人和阿拉伯人则反过来，从右往左读。中文和日语是从上往下读，有些文字读起来像牛犁地似的，先从右往左读，下一行又是从左向右读（也被称为“牛耕法”）。阿芝台克语需要按照线和点的指示方向，把纸张一分为二地阅读，玛雅文字则要同时竖着读好几对文字。

可以肯定地说，现在这种适应默读的句读和隔写，是在抄写者的需求之上逐渐发展并普及开来的。4 世纪起，为了方便那些阅读能力差的抄写者，开始使用一种名为“停止和休息”的笔记方法，人们发现这种方法能够更清晰地向读者传达文章内容，于是逐渐应用起来。

抄写者中的大部分是修道士，而修道士需要专心练习沉默，这使得适用于抄写者沉默规则的隔写法于 9 世纪诞生。隔写使默读成为可能。普鲁斯特曾经说过：

> “真正的书籍不是在艳阳下、在充满情感的对话中诞生。真正的书籍必要诞生于黑暗和沉默之中。”

于是，朗读将自己的王座让位给了默读。

读书与听觉

杰森在墨西哥国边境出了车祸，头部创伤严重，成了不能走路说话的植物人。虽然他的眼球会随着他人的动作而转动，却认不出任何人，连父母兄弟也不认识。可神奇的是，当他接听爸爸的电话时，突然恢复了意识，流畅地说起了话来。他脑部的扣带回区域受损，该区域非常重要，是我们部分自由意志感觉的来源，也是视觉信号与听觉信号的交汇区域。

如果要杰森在和父亲通话的同时认知眼前的父亲形象的话，视觉就会抑制听觉，他将无法认出父亲。这种症状叫作“电话综合征”（telephone syndrome）。

我想，不仅在患有电话综合征的人身上存在视觉抑制听觉的现象。因为我们把读书看作是一个单纯的“看”的行为，所以绝大多数读书家几乎都未曾思考过听觉和读书的关系。在准备这本书之前，我也没有意识到“听”在读书过程中的重要作用，而实际上读书和听觉之间有极为密切的联系。

读书这一活动是听觉、空间感知行为，同时也是听觉、时间感知行为。大家肯定是在用眼睛阅读这本书，不过请大家悄悄将注意力集中在自己大脑。你会发现，其实自己正在出声朗读。你还会更加清晰地认识到声音的流动和时间的流逝。因此神经学者说，孩子在学习语言的同时，也学会了过去、现在和未来。

在写这本书的期间，我带着我家老二去了两次医院，去一位以不喜用抗生素而闻名的医生那里看中耳炎。医生说中耳炎一定要根治，并给开具了抗生素处方，还说假若中耳炎没有治好，恶化严重后，会对读书能力有严重影响。

孩子们每天都会学两三个新词汇，若是患有耳病或没能正确治疗的话，学习词汇消耗的时间就会增加。孩子在连续以同一种发音听同一个单词后，才会真正学到这个单词，而耳病将妨碍这个过程。

在“慢读”篇中我也曾提到过，培养儿童读书能力最需要抓的不是“会认多少字”，而是“掌握多少词汇”。儿童阅读专家玛丽安娜·沃尔夫的研究显示，经常患耳病并且没有得到正确及时治疗的儿童，在阅读上存在很多问题。阅读能力培养的前提是具有一定的词汇能力和韵律认知，这两者都和听力有关。

以芝加哥高中的学生为研究对象的一项实验发现，节奏感与读书能力之间有一定相关性。一位听觉神经科学研究者妮娜 · 克劳斯 30 年来一直从事音乐教育与学习的关系等问题的研究活动，她发现，分辨声音的能力越好，语言理解水平就越高。特别是当上了年纪后听力会下降，但如果坚持进行听力训练的话，记忆力和视力都会相应恢复。

她最近在研究阅读障碍症，这项研究备受瞩目。此前人们一直认为阅读障碍症是由视觉问题引起，视觉不好导致出现文字顺序颠倒等症状。但研究发现，较低的听觉能力是引起阅读障碍的主要原因之一：患者无法建立文字和发音之间的联系，从而导致阅读困难。给备受阅读障碍症困扰的孩子戴上蓝牙装置，提升了他们的听觉能力之后，他们的读书能力也提升了。

控制论创始人诺伯特 · 维纳（Norbert Wiener）小时候曾患重病，导致长达 6 个月的时间里不能看书。于是他的爸爸用说的方式教他学数学，他用耳朵学习了代数和几何。在用耳朵听数学课的过程中，他完成了数学语言形象化的训练。当从文字中跳出、用耳朵听文字时，他的心眼打开了。于是他的形象思维能力得到了良好发展。而卓越的形象思维能力正是爱因斯坦和庞加莱、伊丽莎白 · 爱森斯坦（Elizabeth Eisenstein）等无数伟人的共同特征。

朗读这种读书方法绝对不能被渐渐抛诸脑后。为孩子未来着想的父母，一定要朗读。当怀抱孩子出声读书的时候，孩子会伴随着耳畔的读书声，进入一个有着无限可能的世界。美国当代女性作家琼·迪迪恩（Joon Didion）曾说过："我们为了活下去而自己给自己讲故事。"这句话虽然强调的是故事的重要性，但我们有必要为了读书能力，实实在在地给自己"讲故事听"。

读诗歌或短篇小说的时候，请务必朗读。听电子书或播客也行。

最近在播客上有很多可以听书的节目。我也是在准备这本书的过程中领悟到了声音对阅读的重要性，决定新做一个播客。我计划本书出版时同步在播客上发布，并计划将我的其他著作朗读成音频，上传到播客上。我准备今后在慢读的时候，将整理好的内容朗读出来，分享给大家。

这样做对我也好，同时也有助于大家读书。我尤其希望我的朗读能给患有阅读障碍症的人们带来些许帮助。

朗读——"坏文章的终结者"

朗读对写作来说也很重要。法国喜剧作家莫里哀（Moliere）说，给下人大声朗读自己的喜剧已经成为他的习惯。英国小说家塞缪尔·巴特勒（Samuel Butler）在自己的备忘录上写道：

“听说莫里哀给侍女阅读自己的作品，这是因为仅通过大声朗读的行为，便可让作品在自己眼前呈现新的一面。朗读时，自己的注意力会集中在作品的字里行间，就能够对作品做出更严格的评价。我也经常给别人大声朗读我的文章。我自己读的时候看不到任何缺点的文章，只要一大声朗读，那些缺点就会映入眼帘。”

朗读是仔细检阅文章的强大手段，因为那些默读时看不到的缺点会在朗读时暴露无疑。词语用得是否恰当、句子是否通顺、逻辑是否严密，这些都能用朗读去检验。柳时敏也曾说过类似的话：

“如何给文章挑错？有个方法方便又简单，出声读一下文本吧。若是遇到很难张开嘴出声朗读的地方，或是听起来别扭的地方，又或者意思把握不准的地方，那肯定就是写错了或者写得不够好。”

若把朗读比作是严格检验文章水平的检验员的话，我们怎么利用好这个铁面无私的角色呢？答案就是：把时间用在文字的推敲打磨上。

韩国梨花女子大学教授崔在天在留学时，师从罗伯特·卫弗学习写作。一天，罗伯特教授单独约见了崔教授，把一篇崔教授自己写的文章递给了他，请他出声朗读，读后还问他满不满意。

崔教授回答说不满意，于是开始修改。然后再重新朗读，罗伯特又问他现在是否满意，让他不确定的话就再读一遍。崔教授再反反复复的阅读过程中，把自己的文章改了又改，直到改到自己满意为止。从《知识分子的书房》中可见，自那次修改文章后，崔教授便养成了一边写作一边出声读的习惯，边读边改，直到一口气能把句子读顺为止。

有意思的是，虽然我几乎不怎么朗读，但在推敲文字的时候，我也会读出声来。在没有读过有关朗读有益推敲的文章之前，我就已经不自觉地在雕琢文章时小声读出来，以提高文章的可读性。虽然我至今没有找到该方法的科学依据，但从经验上讲是切实可行的。朗读完全不愧于“坏文章的终结者”的称号。

朗读——理解高难度文章的魔法

朗读也可以说是理解高难度文章的魔法。我在阅读朴雄铉的《书籍是斧》时，看到了一段作家金薰的文字，内容如下：

“悲伤也会在时光中平和，因此在30年前的坟墓边，生离死别的悲伤不再悲伤，真正悲伤的是时光中泛黄的另一种悲伤。远处的悲伤靠近，取代了近处悲伤的位子。而那平和的悲伤本就如此，本不是能哭出来的悲伤。

在我们兄妹哭无可哭的岁月之中，在新的坟墓边，还有人在哭泣。现如今，哭无可哭的人和新哭起来的人之间，每年春天绿草如茵。”

第一次读这一段时，我根本不知道它在说些什么。再读一遍，还是不能准确地领会其中的深意。不经意间，我出声读了出来，这才得以看到这段名句的真实容貌。

与爱人分别的苦痛和悲伤将永远存在，但岁月的力量会近乎无情地将悲伤的澎湃变成涟漪。于是在岁月面前，望着那波澜不惊的悲伤起伏，我们感到了另一种悲伤。远的悲伤被近的悲伤压住。但这份悲伤不是从存在的丧失而来，而是存在论层面上的悲伤。

我，不，是整个人类都如此吗？虚无的悲伤纷至沓来。岁月无情，大自然也同样世俗无情。因生离死别的悲伤而哭泣的人，和因平和的悲伤而哭无可哭的人相遇，在各自不尽相同的坟墓边。可大自然依旧常绿常新，不闻不问。

朗读要求我们在阅读文章时带着更多的情感。虽然这样会倾注更多能量，但我们也会得到相应的好处。通过更深入地理解文章，我们得以在更高更深的层面上与作者邂逅。朗读过后，我感到自己离金薰这位作家更近了，这便是朗读的力量。

Chapter 2 · 卓越的读书之法：读书小组

“凡人由于本性或由于偶然而不属于任何城邦的，他如果不是一个鄙夫，那就是一位超人。城邦在本性上则先于个人和家庭。凡隔离而自外于城邦的人，或是为世俗所鄙弃而无法获得人类社会组合的便利或因高傲自满而鄙弃世俗的组合的人，他如果不是一只野兽，那就是一位神祇。”

——亚里士多德[①]

书面文化 VS 口头文化

读书是一个人的历程，需要高度集中注意力。若封闭固守，则会完全陷入自我的世界之中。假如有他人介入读书的过程之中，则无法投入。

美国历史学家伊丽莎白·爱森斯坦曾说：“个人先行于社会团体的思想，不适合听的社会，更适合读的社会。”默读的大众化使得社会向文字为主的文化转折，对大众的个人化影响至深。

① 出自亚里士多德《政治学》，吴寿彭译，北京：商务印书馆，1983 年。——译者注

但这并不意味着阅读实现的个人化使得个人从组织中孤立了。

在以口头文化为主导的社会中，基本上词汇量最多在几千个左右。而在文字为主导的社会中，一般都有数十万个词汇。庞大的文字语言中包含了与之相称的感觉和心理状态，广泛为使用者提供了可以表达世界的用语。阅读不是与他人的对话。在阅读中，在汲取了丰富的语汇和无数人的观点后，我们得以实现与自我的对话。

我们通过读书培养辩证思考能力并进行自我反省，这使得个人成为更成熟的个体，从而更有益于组织。但即便如此，以默读为外表的书面文化，依旧是偏个人的。

圣路易斯大学名誉教授沃尔特·翁（Walter J. Ong）说："典型的视觉观念是判断和分析，而听觉观念是协调和综合。"默读流露内心的声音，而朗读则使得声音向外传播。内心的声音只有自我一人能够听到，而口中发出的声音则会传给众人。朗读时，我们可以和听者合一，也就是说可以实现和他人的直接交流。在阅读的早期历史之中，朗读之所以为广泛流行，是因为文字发明前，社会以口头文化为主导。因此，朗读虽然兴起于文字发明之后，其本质上是实实在在的口头文化式的读书法。

口头文化特征在于参与和组织。在这种文化氛围中，声音远播，众人你一言我一语，此起彼伏。个人领域会式微，而团体的领域得以巩固。

比起个人内心的省察，人们更重视个体间的联系和组织的调和。人们的终极目标不是个人的成长和成熟，而是组织目标的实现。

现在，我想把大家在刘易斯和托尔金的朗读小组“想法”中的注意力，从“朗读”转移到“小组”之上。即便该小组不是为朗读而设，也是以书为中心设立的。设立小组这一行为就是在复活口头文化。个人化的读书行为和有组织的读书活动，在读书小组中得以融合。读书小组本身，就是一个无与伦比的“读书之法”。

人类天生是社会性动物

脑科学的黄金期与数次世界大战的时期相吻合，这让人有些伤感。这是因为在战争中，会有很多种脑部受损情况出现。不过随着技术和设备的发展，能够直接扫描拍摄脑部图像的设备已经问世，现在科学家通过观测脑部未受损的人，也能窥探到大脑的秘密了。

脑科学在探知大脑在特定精神活动下的身体反映和大脑活动区域的过程中，获得了飞跃式发展。可是，当大脑没有特殊任务要做的时候，它在干什么呢？

1997 年，华盛顿大学的一位学者戈登·苏尔曼推翻了原有的思维，提出了上述疑问，并着手开始研究找寻问题的答案。研究结果显示，当人们处于休息状态时，大脑的几处区域会持续处于活跃状态。这真是很让人意外。大脑活动消耗的能量很多，因此很注重效率。可是在没有任何精神活动的情况下，大脑并不会切断所有电源，其特定领域依然处于活跃状态。这种静息状态的大脑状态叫作“默认模式神经网络”（default network）。经过后续研究，人们认识到默认模式神经网络和社会认知神经网络是相互重叠的。

社会认知指的是对他人以及自己和他人关系的思考。那如果说默认模式神经网络服务于社会认知的话，是不是意味着我们在放空状态下，特别关心自己和他人之间的关系呢？默认模式神经网络中的默认“default”的真正含义是什么？

我在写作时用的是“Hangel”程序[①]，若没有进行任何设定变更，那用的是系统的默认设置。Default 便是默认设置的意思。一般程序员会事先设定好最基本但也是最适宜的默认值，以便程序能够顺畅运转。大脑的神经网络也有默认设置。我们可以进一步理解为，之所以默认模式神经网络与社会认知神经网络重叠，是因为社会生活和社会关系构成了我们生活的基础。

正如亚里士多德说过的：“凡隔离而自外于城邦的人……他如果不是一只野兽，那就是一位神祇。”换句话说，人类是社会性动物。

---

① 一种类似 Word 的文字编辑处理程序。——译者注

婴儿从出生的那一刻开始，默认模式神经网络就已经十分活跃了。看来马斯洛的需求金字塔需要重新建立了。因为人类“默认”的社会需求与基本的生理需求处于同等地位。

一项实验对不识字的两岁半学龄前儿童和黑猩猩进行了比较。实验结果显示，在解答物理、空间题目，如寻找隐藏奖励物品或理解工具特性上，黑猩猩和儿童的水平相当。但在社会性测试中，儿童的成绩远高于黑猩猩。当有人做示范时，儿童能比大猩猩学到更多东西。在寻找奖励物品时，儿童能更好地理解和利用线索，懂得凭借示范人员的视线暗示来寻找指示标记。这表明，“人类能够得心应手解决各种难题的发达智力”并不是天生得来的，而人生来就是一个“社会生活专家”。

因此可以说，参加读书小组活动是一种利用了我们默认设置的社会认知属性的读书方法。当我们和读书家在一起时，当我们在读书家面前发言讲演时，当我们和读书家们一同讨论时，我们的大脑怡然自得，我们的阅读能力也会得到提高。

盲从者：我们不由自主地效仿他人

心理学家罗伯特 · B · 西奥迪尼（Robert B. Cialdini）做过一项实验，探寻人们节约家庭用电的动机。研究小组对加州居民进行了电话访谈，询问了如下问题。

当你下决心节约能源时，以下几个因素对你的决定有多大影响？

1. 省钱；

2. 环保；

3. 有益社会；

4. 很多人都在践行节约。

调查结果显示，影响程度由高到低排序如下：

1. 环保；

2. 有益社会；

3. 省钱；

4. 很多人都在践行节约。

如果问到你，你会如何回答呢？

你也会回答，自己节约用电不是为了省钱，而是为了整个社会。而且作为一个注重个性的现代人，你不会说自己是在从众。

研究小组展开实验，探究这些居民的真实节能动机是否与他们所说的一致。在取得该地区居民同意后，他们在房屋的玄关门把手上挂上了能源节约运动的标牌。每张标牌上分别有如下话语：

1. 节约能源，保护环境；

2. 为了下一代，携手共节能；

3. 节约能源，节省电费；

4. 社区居民携手，掀起节能浪潮。

当然，每句话后面还各有补充内容。1 号标牌上写着“每月最多可减少 262 磅温室气体排放”，2 号标牌是“77% 的本地居民尽可能用电扇替代空调”。假如居民自述的节能动机与真实动机一致，那么最有效的将会是1号标牌，效果最差的则会是4号。但实验结果并非如此。事实上，利用了人们从众心理的 4 号标牌，在使居民转变为能源节约者的过程中影响最大。

虽然这么说大家可能心里不舒服，但事实上我们比想象的更盲从。

我们的大脑总是在关注着他人的行为如何。他人的行为是诱发我们自身行为的最强动机。而他人的行为对我们自身的影响，正如前面的居民一般，已经超出了意识的范畴。我们自己都不知道自己在从众。

如果我身边的朋友肥胖的话，我也会肥胖吗？哈佛医学院的一位古乐朋博士对 12 067 人进行了为期 32 年的跟踪研究，结果显示：如果你身边有一个很亲近的人肥胖，那么你肥胖的概率会大幅提升——配偶肥胖的话，肥胖概率增加 37%；兄弟肥胖的话，肥胖的概率提升 40%。啊，这是遗传吧？错！即便是你有一位没有血缘的朋友肥胖，你肥胖的概率也会提升 57%。更有趣的是，这个概率与你和肥胖朋友住得远近无关。也就是说即便我住在首尔，而我最好的朋友住在釜山，如果我的朋友肥胖的话，我也可能是个胖子。

一项针对美国中西部男大学生进行的研究结果显示，与经常喝酒的人做室友的学生，平均绩点低0.25。这难道不就是“近朱者赤、近墨者黑”吗？事实上这种“同伴压力”的力量很可怕。

现在让我来回顾一下我的兴趣历史：小学时我玩拍洋画和街头霸王，初中的时候打棒球，高中的时候打篮球、乒乓球，大学的时候玩星际争霸。而我的兴趣历史和我朋友们的兴趣历史大同小异。我在光州上初中的时候，正是海泰老虎队如日中天之时，几乎所有的男孩子都打棒球，初中3年级转学到首尔后，周围没人打棒球，大部分男孩都玩篮球。当时迈克尔·乔丹还活跃在球场上，高丽大学和延世大学的篮球比赛也是课间的热议话题，徐章勋、全希哲、李相旼、玄周烨等篮球手很受欢迎。记得那时候为了和朋友们玩到一起去，我每天一写完作业就开始看《灌篮高手》漫画，做好一番心理准备之后，我便会像个专业运动员似的，一个人跑到篮球场认真练起篮球。

假若朋友们不玩篮球或星际争霸，而以读书讨论为兴趣的话，我又会如何？可以肯定地说，我也会读起书来。当然，回忆我小时候样子，恐怕和这种读书的朋友合拍的可能性不大。

前面我曾说过，读书的基础在于多读，并以我自己的亲身经历为例，强调了环境对多读的重要性。也就是说，我们要创造一个只能读书的环境。不过这时我们需要的不是一片书山文海，而是一个读书家徜徉的海洋。参加读书小组对阅读有很大帮助。即便是不参加特定的读书小组，仅仅是在脸书上结识一些多读朋友，也会很大程度上影响自己。我在懈怠时，有很多次受到了周围多读家们的影响，继而又重新振作起来，继续阅读。

我们是盲从者，因为我们的大脑就是这样设计的。

大脑之所以这样设计，是让我们可以更高效地模仿我们竖立的榜样，和他行为同步。读书小组是一个充满正能量的环境，能够把盲从的我们打造成读书家。

归属感提升学习能力

我们什么时候压力最大？没钱的时候？工作缠身的时候？还是重要的考试临近之时？事实上，我们的身体在被孤立时，承受的压力最大。

被团体开除或遭受团体排斥的所谓“社会评价威胁”，不仅会伤害我们的感情，还会攻击我们的身体免疫系统。加州大学的一位史蒂夫·科尔教授的研究小组对 ADIS（获得性免疫缺陷综合征）患者进行了为期 9 年的观察。患者中，经常被人排斥的同性恋患者，与正常的患者相比，免疫机能显著低下。尤其是当病菌入侵体内时，对抗病菌的一种人体免疫细胞 CD4（cluster of differentiation 4，简称 CD4）的 T 细胞数值很低。值得注意的是，当我们处于悲伤、焦虑、抑郁等一般意义上的强压力情绪时，CD4 并不会降低。只有当感受到外在强加的社会孤立时，才会引发严重的免疫系统损伤。

社会孤立不仅对身体有害，还严重影响学习能力。

一位心理学家罗伊·鲍迈斯特和将被试人员分为了两组，让其中一组成员处于遭受孤立的情景之中。然后再组织他们参加智力检测和研究生入学资格考试，结果显示，遭受孤立的一组解答问题的正确率为69%，而另一组则是82%。考试结果则更加分明，被孤立一组的合格率为39%，另一组则为68%。

这种差异着实令人震惊，因为鲍迈斯特只对被孤立一组的测试者说了一句话："检查结果预测，和其他人相比，您的后半生可能过得更为孤独。"倘若有人真的受到了社会排斥的话，学习能力可能会下降得更为显著，说不定会就此毁掉整个人生。反之，当一个人感受到归属感时会发生什么呢？简单来说，他会变得更聪明。

斯坦福大学的两位心理学家克莱克·沃尔顿和杰夫·科恩探明了归属感对学习能力产生的影响。他们针对占耶鲁大学学生总数6%的非裔学生和占58%欧洲裔学生展开了专项研究。实验结果显示，感受到了归属感的非裔学生平均绩点每学期稳步提升约0.2。而在欧洲裔的学生身上却没有这种效果。这可能是因为在学校中占多数的欧洲裔学生已经感受到了足够的归属感，从而只在平时归属感缺乏的非洲裔学生身上看到了实验效果。

而归属感营造实验的总时间只有1小时。即便只在这1小时里营造了一个调动归属感的氛围，其效果也可以维持3年。

大家如果坚持参加读书活动小组，在其中感受到满满的归属感的话，很可能学习能力会持续地提升。读书小组还会对身体有积极影响。美国国立卫生研究院老化研究所的负责人吉·科恩博士表示，定期参加读书活动并坚持数月、数年的人，比参加相同次数一次性活动，如看电影、听讲座、郊游的人，要健康得多。既然参加读书小组对身心都有益，我们又何乐而不为呢？

讨论中出革新

我目前正在和东北亚政治经济研究所所长河承柱、拱心石管理公司负责人崔孝锡一起做一个名为《看书读世界》的播客节目。节目两小时内，我们三人以经济管理图书为中心畅谈讨论。起初有人还担心1年之后听众人数上不去的话节目可能就会被关闭。但讨论到最后，我们达成了一致意见："就当这节目是我们自己的读书俱乐部，不管它什么时候结束，只要现在高兴就好！"在相互讨论的过程中，我从这两位身上学到了很多东西，获得了不少灵感。

在"泛读"篇中我曾讲过，创造性是陌生之物的联结。这里所说的陌生之物，并不仅指书籍。和带着各种陌生想法的人交流联结，也是催生创意的绝佳方法。

20世纪90年代初，麦吉尔大学心理学系教授凯文·邓巴决定找出科学研究人员能够获得伟大发现的奥秘。他在分子生物学实验室的4个角落中布置下摄像头，尽可能多地记录下学者们研究实验的情景，同时进行大范围访谈，追踪各个研究进程中发生的变化。邓巴用这项研究颠覆了我们的固有观念，他发现了一个崭新的事实。在我们的想象之中，科学研究人员通常一边在实验室中用显微镜进行观察，一边努力与孤独搏斗，然后突然间有了惊人的发现。但邓巴的研究向我们揭示，伟大的发现并不是从科学人员的孤军奋战中来，而是从实验室的定期会议中来，在会上，大家会就最近的研究情况进行交流讨论。革新的起点并不是显微镜，而是将研究人员相互联结起来的会议室座椅。

18 世纪，咖啡馆成了启蒙时代无数革新诞生发展的平台。在当时，咖啡馆是各色人物展开热烈讨论的场地。在这革新的空间之中，最终诞生了从电化学、保险业到民主主义的各种事物。

每个星期三都会在奥地利维也纳的办公室和内科医生、哲学家和科学研究者聚在一起热火朝天地讨论的弗洛伊德最终创立了精神分析这一新的学说；20 世纪 70 年代，在家酿计算机俱乐部（the Hombrew Computer Club）① 的狭小空间里，在成员们的相互联系和冲突中，个人电脑（PC）革命之火被点燃，史蒂夫·乔布斯和史蒂夫·沃兹尼亚克（Stephen Gary Wozniak）加入了家酿计算机俱乐部之后，开发出了世界上第一台个人电脑“苹果Ⅰ号”。

---

① 家酿计算机俱乐部是美国一家计算机业余爱好者组成的俱乐部，存在于 1975 年 3 月至 1986 年 12 月，其成员多跻身于企业家行列，苹果公司创始人史蒂夫·乔布斯也是它的成员。美国电影《硅谷传奇》就是以该俱乐部为原型拍摄的。——编者注

斯坦福大学管理学教授马丁·卢芙采访了 766 名斯坦福大学的毕业生，并创建了一套精巧的革新点数评价体统，并对这些毕业生进行了社交网络跟踪调查。结果显示，富有创造性的人会超越自己所在的组织，拥有更宽广的社会网络。他们和多领域的人保持着社会联系。

读书小组的力量

让我们总结一下上述故事。

我们是盲从者，我们在参与人头攒动的读书小组时，会产生读书的压力。传说级高尔夫选手杰克·尼克劳斯（Jack Nicklaus）曾说："我热爱压力。"若你享受他人庞大读书量的压力的话，就会在不知不觉走上多读之路。

读书小组可以带来归属感，归属感不仅提升我们的学习能力，还有益健康。

我们还可以在读书小组里和各种各样的人相识，进行多种讨论。仅围绕一本书进行讨论，也能收获各种各样的观点，当从各自不同经历中生发的想法相互冲突联系时，奇思妙想也将不期而至。

让我们回到起点。还记得托尔金和刘易斯等人的朗读小组的名字吗？想法，其内在含义就是：

"聚在一起寻找未完成的灵感和想法的人们。"

特辑　播客《如何阅读》

以前我经常在坐地铁的时候读书。但在地铁里读书有几点难处。首先，一旦地铁里人多得动弹不得的时候，就没法再读书了。说实话，我也曾试图在那种环境下阅读，但实在是无法勉强。我主要乘坐的线路轨道在地上，车开动起来阳光过于晃眼，所以读起书来很费劲。我也许是年近不惑了，以前在晃动中阅读也不觉得不舒服，现在则明显感到这样对视力不好。也许是因为在地铁里看书看久了，我最近眼睛开始疼起来了。而且，地铁换乘或出入站的这段时间里也不能读书，这些时间算起来可不少，不利用一下有些可惜了。于是我就想到了播客。

1. 著作朗读

受阅读障碍症困扰的人似乎很多。他们读书困难，并不是受环境制约，而是基因决定的，先天如此，很难改变。

在准备这本书的过程中，我萌生了一个想法：一定要让阅读障碍者也读到这本书。于是我想把整本书朗读一遍，播放出来。另外，我想把我的《阅读经济的技术工具》《高荣成的经济常识集锦》《一开始谁都不会走》制作成电子书，陆续上传到播客上。不过有些遗憾的是，作品朗读者不是专门的配音演员，而是我本人，因此播放效果不会特别好。我计划以后书问世了、电子书也有收益了之后，找个专业的配音演员再重新朗读制作一遍。

2.《读书看世界》

这是我、东北亚政治经济研究所所长河承柱和拱心石头管理公司负责人崔孝锡一起做的一个读书讨论节目。凭借两位的优秀演播能力，该节目广受好评。在这个节目里，我们三人一同讨论天下事，阅读与各种事件相关的好书，以求理解世间万象。书目是由我们几个四处找寻敲定的，以后也准备采纳听众的意见或根据听众的反馈去制订。我们会提前告诉大家下期将要讨论的书是什么，以便听众可以提前阅读，从而加倍提升读书效果。

3.《学习吧》

近来脸书上有个人备受瞩目，他就是申永俊博士。

他有与诺贝尔奖获得者共同学习和名企工作的经历。在该节目中，他与数万青年学子一同分享自己的求学生活、求职经历和职场生活，分享知识和智慧。

申博士在演讲之后，会为深陷苦恼的青年提供咨询。若非是真性情之人，绝不可能做到这一点。据说已经有多达数千名青年通过脸书向他咨询。

《学习吧》节目话题涉及了几乎所有与学习相关的内容，包括学习的必要性、如何学习、哪种学习方法更高效等。节目中还会为那些纠结于学习和职业规划的听众答疑解惑。

从某种意义上来看，申博士和我走的是两条相反的道路。申博士毕业于世界排名前15的新加坡大学，并获得了博士学位，毕业后进了韩国最好的企业。而我则是大学上到一半后退学，以创业开启社会生活，现在正以作家身份四处活动。换句话说，申博士走的是当之无愧的“学习的大道”，而我走的是彻彻底底的“独学之路”。

我认为年轻人有必要好好了解一下这两条路。我相信，我和申博士这两条截然不同的道路，一定会成为那些为学习和职业苦恼的人们的一份大礼。

4.《啊！这书评好啊！》

《啊！ 这书评好啊！》节目介绍的不是好书，而是好书评。优秀的书评家们将在这里细谈自己的书评，并表达更多的观点。我常把这些书评家们叫到演播室，一起天南海北地聊书的想法。收听该节目，听众们不仅能够收获选书建议，还能学习如何写书评，这对写作也有很大帮助。

Part 9

难读：越读越难

“媒介即讯息。”

——马歇尔 · 麦克卢汉，20 世纪原创媒介理论家，思想家

大脑具有可塑性。
多读书就会有读书的大脑，
总上网就会有上网的大脑。
读书的大脑在语言的汪洋深处遨游探险，
而上网的大脑只能在海面上享受清凉的海风。

Chapter 1 • 读书的大脑 VS 上网的大脑

"曾经我是在语言的汪洋中恣意游泳的深海潜水员。但现在我像个乘着水上摩托的小伙子，只在海面上快速划过。"

——尼古拉斯 · 卡尔（Nicholas G. Carr），美国作家，《哈佛商业评论》前执行主编，因为写了一系列批判谷歌搜索损害青少年大脑的教育评论、商业评论而名声大噪

数字原住民？

诗人约翰 · 唐恩（John Domne）曾说过："谁都不是一座孤岛，可以自成一体；每个人都是那广袤大陆的一部分。"但至少在地铁里，我是一座自成一体的、孤独至深的岛屿。大部分人都紧紧地盯着眼前四四方方的小屏幕，拿着书身处其中的我是个异乡人。偶尔遇到一两个看书的人时，我虽然与他们素不相识，却也心生前去搭讪的冲动，仿佛是遇到了同一个秘密组织的成员。

当然了，在地铁里做什么是每个人的自由，也不存在哪种行为更优越的问题。我已经提到过"喜好不是争论的对象"。我也

不是每次乘地铁都读书，也会听播客、刷脸书、浏览新闻或者看EBS电视台的纪录片。尤其是当有网上直播体育赛事的时候，不管是在地铁里还是在其他什么地方，我都要想方设法看比赛。这一点上我真是太感谢智能手机了。

各个调查机构的数据略有不同，但总体而言，据统计，韩国人平均收看电视的时长为3~4小时/天，使用智能手机的时间为4~5小时/天，我们平均每天沉浸在屏幕中的时间长达5~7小时甚至更多。

有人说人们可以通过网络或屏幕获取更多的信息，从信息获取的量上来看和读书差不多。这种说法也未可知。仔细想一想，也不能说不对。上网一搜，所需信息便可一手掌握，各种新闻和报道就会涌现，信息和资料简直泛滥，根本不愁不够看。我们在博客和脸书上也可以学到很多东西，想要深入一点的话，可以去看树木百科[①]或维基百科的英文版，这些内容也就够用了。

因此，舆论上一时间都为“数字原住民”叫好。所谓数字原住民，就是从出生起就生活在PC、网络、移动通信等数字环境的一代人，该词由美国教育学家马克·普连斯基（Marc Prensky）原创。

他说，数字原住民的多任务处理能力、迅速收集信息和资料进而创造性地解决问题的能力出众，并具有积极改进自身观点的特点。

① 韩国的网络百科全书平台。——译者注

现如今，电脑已经成了多任务处理的机器，网络搜索也已融入了我们的生活，我们还可以在社交平台或博客上随时随地发表自己的看法，因此数字原住民似乎的确具备前面所提到的特点。

但遗憾的是，数字原住民可能只是一种幻想。研究发现，年轻人无法对信息的出处进行准确地评判。他们无法准确区分学术研究和单纯的意见表述之间的界限。无法对出处进行准确地评判，就意味着无法进行有效的资料搜索。

我个人认为，资料收集资料能力高低取决于“已知信息的多少”。能找到的知识必然会受到已经掌握的知识的影响。若大量使用谷歌等搜索工具的话，并不能提升搜索能力。搜索技术本身就是一项浅薄的技术，无须很长时间就能学会。搜索的水平左右于知识，而非取决于技术。

那多任务处理能力呢？斯坦福大学心理学家针对多任务处理进行了一项调查。调查人员挑选了 19 名自认为有卓越的多任务处理能力的志愿者和 22 名自认为不能进行多任务处理的志愿者，测试了他们的图形、字母、数字问题处理能力，并检测了他们的认知能力。

结果一目了然。随着题目难度的上升，平时具有卓越多任务处理能力的人的认知能力显著下降。简单地说，卓越的多任务处理能力仅仅只是让人变得“三心二意”了。

有些人在驾龄超过 1 年之后，就认为自己能够一边开车一边做其他事情了。即所谓产生了一种对多任务处理的一种自信。而一项针对驾驶习惯的追踪研究表明，驾驶中使用手机通话，会提升 29% 的事故发生率。有趣的是，即便使用免提，事故发生率也和使用手持电话差不多。也就是说，驾驶中使用手机之所以危险，不是因为另一只手被占用，而是因为大脑正在进行多任务处理。

我们的大脑不是计算机，设计上并没有同时处理两件事的功能。我们感觉自己在同时处理两件事，只是因为一条神经回路被暂时中断，另一条神经回路迅速打开，从而产生的错觉。多任务处理与集中精力处理一件事相比，必然会效率更低。

美国女星詹妮弗·康纳利（Jennifer Lynn Connelly）曾说：“我喜欢一边做爱一边看书打电话，你有许多事情可以做。”事实上她只能集中精力于做爱、读书、打电话中的一件事，不可能给另外两件事分配注意力。我们不能同时处理那么多的事。在多任务处理这件事上，没有所谓的优秀数字原住民。

但我们正在成为另一种意义上的数字原住民。这个新种族的最明显特征就是读书困难。电视、多媒体和网络正在摧毁我们的大脑。

屏幕破坏大脑

2011 年，知名儿童治疗学术杂志《儿科学》（*Pediatrics*）上介绍了一项研究，向世人揭示了屏幕对儿童产生的影响。60 名

4岁儿童被分成了3组，A组观看平均每11秒就更换一次场景的奇幻漫画电影，B组观看平均每34秒更换场景的教育纪录片，C组则用9分钟的时间来画画。然后实验人员让这些儿童做如下测试：

1. 用规定的方法将三张薄板搭成塔形。→记忆力测试

2. 头—肩膀—膝盖—脚测试（用口中说“头”手上摸脚，口中说“脚”手上摸头等方法）→自制力测试

3. 棉花糖测试（现在立刻可以吃一颗棉花糖，但等9分钟再吃的话，能够多吃一颗）→自制力测试

4. 倒数数字（听到3~4，回答4~3）→记忆力测试

测试结果比我们想象的更差异分明。画画组的成绩最好，其次是观看纪录片组，观看漫画电影的那组成绩最差，测试结果非常令人担忧。

现在的孩子们可以随时随地在电视、PC、平板电脑和手机上看动漫。现在的大部分儿童动漫都场面逼真，动感十足，画面转换频繁，刺激性强。看一会儿也许不觉得有什么，但孩子们如果花费无数时间盯着屏幕看的话又会如何呢？

研究显示，给8~16个月的儿童看手机上的儿童电影，可能会对他们的词汇构建产生致命影响。虽然这样不致于让17个月及以上的儿童词汇能力停滞不前，但也不会使他们的词汇能力有所提高。该项研究也再次证实，当父母给孩子读书的时候，孩子

的词汇能力提升最快。

记忆力、自制力、词汇能力是一切读书活动的前提条件。从小长在屏幕前的孩子，长大后不会具备读书的大脑，成绩将在警戒线徘徊。只有孩子会受影响吗？不，屏幕也会让成人难以养成读书的习惯。

屏幕不仅摧毁了阅读，还摧毁了教育本身。一项研究对新西兰南岛达尼丁市所有1972年4月1日至1973年3月31日出生的新生儿进行了为期26年的跟踪调查，结果显示，儿童时期看电视的时间越多，其最高学历、社会经济地位和智商水平越低。

过度看电视的危害还不止于此。据乔治·格伯纳（George Gerbner）的研究称，每天看电视超过4小时的中青年重度电视观众与每天看电视不到两小时的轻度观众之间有诸多差异。重度观众有着如下表现：1）更容易持有种族偏见的态度；2）过多估计医生、律师、运动选手等人的数量；3）认为女人比男人的能力差、兴趣少；4）观点夸张，认为社会犯罪发生频率很高；5）有强烈倾向认为世界会变得更差。换句话说，沉浸在电视中的人，会把现实生活看作是一场“秀”。

屏幕不仅吞噬我们的时间、降低我们的学习能力、让我们无法面对现实，还让我们无法拥有读书的大脑。为了我们的子女，我们必须要把屏幕戒掉。

上网，通往难读之路的捷径

我看网页时的阅读理解能力和看书时的阅读理解能力相差很多。网页上的文章长度太长时，我就很难集中精力读下去，也很难记住文章内容。可读书的时候就不会出现这种情况。因此，在网上要是看到很优秀但很长的文章，我会先收藏起来，留着以后再仔细拜读。看了几项研究结果后，我发现不仅是我存在这种问题。

加拿大的研究小组让 70 个人阅读现代主义作家伊丽莎白 · 鲍恩（Elizabeth Bowen）的短篇小说《魔鬼情人》（*Demon Lover*）。一组阅读的是普通文本，另一组阅读的则是有许多超链接的超文本。阅读普通文本的组中，只有十分之一的人表示阅读困难。而阅读超文本的一组，不仅花费的阅读时间更长，还无法正确理解文章内容，并且有四分之三的人抱怨自己很难集中精力。

在另一项研究中，被试人员阅读相同的网络文章，只不过文章中的超链接个数不同，结果显示，链接个数越多的文章就越难理解。

读书的大脑和读网络文章的大脑有什么区别呢？据加利福尼亚大学洛杉矶分校精神医学系教授加里 · 斯莫尔（Gary Small）的研究显示，读书时不活跃的前额叶部分，在阅读网页时极为活跃。

前额叶是负责判断的重要区域。网页上的文章有各种各样的链接，当我们的大脑看到蓝色的字体或光标从箭头变成手指的模样时，就要去判断该链接是否需要点击。这种判断会一点一点地将我们为数不多的认知资源用完。这将最终导致我们对文本的注意力被分散，理解能力和记忆力下降。并且越是不错的文章，附带的广告就越多，广告中强烈的色彩、艺人形象、动画视频等，将我们的注意力吸引。单纯的广告就已经很分散注意力了，要是上面再有一个性感的女人，我们就必须要去努力判断到底要不要点进去看。

网络给我们提出了许多与文本无关的问题，分散了我们的注意力。这会使我们变得三心二意，在文本理解之路上困难重重。

网页设计咨询家雅各布·尼尔森曾做过网页使用者视线跟踪实验。网络使用者浏览网上文章时，并不像读书时一样，成体系地一行一行地阅读。使用者们的视线在网页上成“F”型移动。具体来说，就是前三行还读到最后，从第四行起，视线开始迅速向下移动。

尼尔森还通过分析德国某一研究小组的数据发现，即便网页的单词个数增加，人们的视线在网页上滞留的时间也基本不会增加。网页上每增加 100 个单词，网络使用者的平均网页浏览时间增加 4.4 秒。即便是优秀的读书家，也只能在 4.4 秒的时间内阅读 18 个单词。当被问到网络使用者以何种方式阅读网页时，尼尔森的回答是：“他们不读。”

世界著名IT未来学者尼古拉斯·卡尔（Nicholas Carr）自嘲说："曾经我是在语言的汪洋中恣意游泳的深海潜水员。但现在我像个骑着水上摩托的小伙子，只在海面上快速划过。"

大脑具有可塑性。多读书就会有读书的大脑，总上网就会有上网的大脑。读书的大脑在语言的汪洋深处遨游探险，而上网的大脑只能在海面上享受清凉的海风。网络上的文章用无谓的选择占用我们的神经，分散我们的注意力，让我们无法在文章上集中精力。最终，我们很难控制自己去阅读长文章，将会不由自主地开始呈现"F"型阅读。若养成习惯，我们的大脑就会慢慢适应这种阅读方式，变成上网的大脑。于是，不管书多薄，只要超过100页，我们就陷入难读的境地，最终也就很难再拿起书本了。

Chapter 2 · 战胜难读

"如果你不知道去哪儿的话，就往前走吧。"
——《爱丽丝梦游奇境》

离书本越来越远？如何解决难读问题

韩国国民读书情况调查显示，不管是成人还是青少年，排在第一位的不读书的理由是"没有时间"，第二位是"不喜欢读书，没有读书的习惯"。我们花费在屏幕和网络上的大量时间，恰恰是这两大理由存在的理由。我们每天平均有 6 小时花费在屏幕前，相对地读书时间必然会减少。况且上网的大脑让我们读书困难，从而也让我们厌恶读书，难以养成读书习惯。

那我们该如何治愈难读的毒呢？

难读的毒性十分霸道，必须综合治疗。不过倘若你践行以下治疗方法的话，我敢保证你会看到十足的疗效。

战胜难读的环境设定

我在这里再强调一遍，如果给自己设限的话，必定无法解决问题。若我们因脑的可塑性而患“难读症”，也同样能用脑的可塑性去治疗难读。因为大脑总是忠实地反应我们的行为，所以说，任何人都能战胜难读。

在著名的棉花糖实验中，4 岁儿童可选择一样奖励，比如现在得到 1 块儿棉花糖，或者选择等待 15 分钟得到两块儿棉花糖。然后，实验人员走出实验室，观察儿童独处时的反应。这项试验测试的是儿童是否具有抑制短期冲动的自制力，从而得到长期奖励。一些孩子当即就吃掉了棉花糖，而另一些孩子则忍到了最后。实验者哥伦比亚大学的心理学家沃尔特 · 米歇尔[①]（Walter Mischel）对这些参加实验的孩子进行了为期数十年的跟踪调查，发现自制力强的孩子最终会取得更多的社会成就。

在对儿童们的实验录像进行反复观察后，米歇尔发现了两组孩子的不同点。

吃掉棉花糖的孩子们死死地盯着棉花糖看，挣扎着抵抗内心的诱惑。而没有吃掉棉花糖的孩子们并没有用超强的意志力去克制欲望，而是当作自己面前没有棉花糖一般，正常表现。在访谈中，自制力强的孩子们说，他们把棉花糖想象成云彩或棉花。最

① 做该项实验时，其所在斯坦福大学，1983 年后就职于哥伦比亚大学。——译者注

终，抵制诱惑的孩子失败了，而避开诱惑的孩子最终获得了胜利。而后米歇尔博士把规避诱惑的方法告诉了孩子们，坚持15分钟不吃棉花糖的孩子人数果然增多了。

如前所述，我们的认知能力是一定的。使用自制力去抵抗诱惑，会消耗我们的认知资源，使得精力渐渐枯竭，最终屈服。而规避诱惑的话，将会使认知消耗降到最低。若实验中允许离开实验室的话，无视眼前棉花糖的孩子们可能会选择离开实验室，15分钟以后再回来。而被诱惑击倒的孩子们很可能也会出去再返回，暂时避开眼前的诱惑。

假若要想1年读300本书，也需要避开眼前的诱惑。现在，我在试图改变自己的行为之前，首先思考如何改变我的思考方式，然后思考怎样改变我的周围的环境。下面我将告诉大家我规避屏幕和网络诱惑的方法。

首先家里不能有电视，这样就自然不会去看电视了。

规避电视是因为我太喜欢电视了。我打开电视随便看一个电视剧都会很快上瘾。当然，我也不是完全不看电视，我会在网站上付费看。这样虽然钱花得多，但也正因为要花钱，我看之前会考虑一下到底要不要看。

最有碍阅读的就是智能手机，首先，我把所有的通知提醒全都关掉。Kakao Talk①、脸书、短信等消息提醒会随时响起，让人

① 类似微信的免费聊天软件。——译者注

无法聚精会神。因此我把要处理的事情全都集中处理完，再去看手机上的信息。即便把铃音关掉，我还是能通过软件图标查看刚才来了多少条信息。

另外，我一般会在读书或写作的时候将手机设定为飞行模式，确实有重要的电话要接听时则例外。尤其是半夜或者一天的工作完全告一段落的夜晚，我肯定会这么做，因为这时几乎不会再有要紧的电话打来了。进入飞行模式后，我的任何联系都中断了，手机再也影响不到我了。我有一边听纯音乐一边读书写字的习惯，所以要一直保持手机开机，如果不听音乐的话，也可以选择直接关掉手机。

经常上脸书、推特等社交软件的人，在读书之前最好不要上传文章或照片。还记得大脑的默认神经网络是什么吗？我们总是在惦记着他人。要是上传东西到社交平台的话，大脑会不断捕捉朋友和粉丝们的反应。有人点“赞”了吗？有没有人回复？当这种念头出现在脑海中时，我们就没办法把注意力放在书上了。

我在写这本书之前，曾下决心不在脸书上发状态。可是看到他人的文章，我还是抑制不住想要写点什么，于是经常上传文章。可一旦我在脸书或博客上发了文，我就会情不自禁地去关注别人的反应，这对写作活动产生了显而易见的坏影响。因此我采取了一个极端的措施——我向脸书的朋友们发出了通知，称自己最近在写稿，要潜水一段时间。这种效果很不错。写到此处时，我已经写了 8 章，翻阅了 8 座高山，而没有在脸书上发过任何状态。

总而言之，只要我们细致观察自己的周围，最大限度地创造一个规避屏幕的生活环境，而不是刻意去抵抗诱惑的话，我们便会获得一个治疗难读症的机会。

利用好“行动契机”

纽约大学心理学家彼得 · 戈尔维策（Peter Gouwizter）告诉学生们，如果他们将自己如何过圣诞夜写成报告提交，会得到额外加分，并就此研究学生们的行为。可是这份报告需要在 12 月 26 日前提交，也就是说撰写时间只有 1 天，而且这天是圣诞佳节，大家都休息。因此，戈尔维策预计最终提交报告的人数不会很多。结果也不出所料，只有不到三分之一的人提交了报告。

不过，彼得 · 戈尔维策事前告诉了一组学生一个特别的方法。他让这些学生提前写下要在何时何地写报告。例如，要写成“我准备圣诞节早上一睁眼就坐在书桌旁，一边喝牛奶一边写报告”这种十分具体的计划。效果非常明显，明确了“行动契机”的这一组中，有 75% 的学生提交了报告。

戈尔维策通过后续研究发现，当人们处境艰难时，行动契机非常有效。目标越难达成，行动契机发挥的力量越大。那么我们如何利用行动契机克服难读的窘况呢？

试着每天早上在开启一天的工作生活之前，先在日记或备忘录上写好“今天何时、何地、在何处读什么书，读多少”这将成为你的行动契机，助你脱离难读的苦海。

难读的话就换一本书读

因为我一旦开始做一件事，就必须做到底，这样心里才痛快。所以在读书的时候，我也要先把一本全部读完再读另一本。而我的爱人却正和我相反，她是三四本书交替着一起读。不过现在我也在同时读两三本书。因为我发现当一本书读累的时候，若去读一下其他书，就能神奇地生出一股力量，继而能够再读之前的那本书。

1 个世纪前，一位心理学家安特拉 · 卡斯滕进行过一个有趣的实验。他让实验参加者持续不断地进行诗朗诵，过段时间人们就开始抱怨没有力气、发不出声了。不过他们抱怨的声音倒十分洪亮。让参加实验者持续不断地画画的话，他们最终会因没有抬胳膊的力气而放弃。不过半途而废后，他们却还能做一些如摸头发、化妆等需要用到手臂和手的动作。因为实验年代久远，不免显得有些可笑，但通过这一实验我们可以看出，一件事做时间长了之后，再转去做其他事情，就能新生出力量。

我平时就是这样去做的。

难读的终极解决方法

解决难读问题的终极方法看上去很蠢，但却是药到病除的强效药，也是我一直以来用得最多的一种方法：读书读累了或者读厌了的时候，别停下继续读就是了。这种方法利用了“认知失调”（cognitive dissonance）的原理。

认知失调是指自我认知产生分歧从而产生的紧张状态。还记得那个把自己妈妈认作是骗子的大卫吗？让我们再度探察一下他的大脑。

大卫的第 1、2 条视觉信号路径没有受损，可以判断出眼前之人的外貌和妈妈一致，但因他的第三条路径受损了，无法从妈妈那里感受到从前对他关爱。这时他处于认知失调当中。可是大脑非常厌恶认知失调的状态，会想尽办法规避。“我”这个存在是建立在安定的自我的基础之上，假如精神悬于不确定和混沌之中，自我身份认同就无法稳固确立。因此大卫的大脑会做出“眼前这个人是骗子”的判断，以解决视觉认知和情感不一致的问题。这种行为被称为是“自我合理化”。认知失调必然会召唤出自我合理化的防御机制。

自我合理化的机制也经常被人应用到捐赠和商业之中。

在一项研究中，实验参加者受邀向一个癌症协会直接捐赠小额捐款，46% 同意捐赠。而当提前一天让他们佩戴宣传捐款活动的徽章后，第二天受邀捐款时，有 90% 的人捐了款。在这些人身上，对捐款没有兴趣的自我，与胸前佩戴捐款徽章的自我之间产生了认知失调。而因为捐款会使自我更优秀，所以为了自我正当化，大家就捐了款。在行为经济学中，这是“禀赋效应”[①]。当必须做出某种选择之后，物品或行为的价值评定会比选择前更高。因为我相信自我做选择一定有某些原因，而且我的选择不会差。

好，下面让我们把它应用到读书上去。所有人的大脑都时常讨厌读书，不过你可以试试一直不停地读书，会有奇效。只要一直读下去，就会发生认知失调。厌恶读书的自己和一直读书的自己在大脑中产生了冲突，大脑就要想尽办法解决这种不一致。而大部分人都认为读书是很有意义的行为，可以反映出更优秀的自我形象。于是大脑就会开始自我合理化：“原来我喜欢读书！看书的感觉很不错嘛！”当然，这种变化会缓慢呈现出来，对书的厌恶感会渐渐消失，书本将会渐渐变得有趣起来。

另一方面，经常接触书籍的话，会产生“曝光效应”。据美国著名心理学家罗伯特·扎荣茨（Robert Zajonc）的研究显示，反复某一刺激最终会对该刺激产生依赖。即经常见面，很多无好感的人会变得有好感，经常身处书中，对书的无感也能转变为好感。

对我而言，读书已经成了一种习惯，所以读书不是件难事。

---

① 指当一个人一旦拥有了某项物品，那么他对该物品的评价要比未拥有时大大增加。——译者注

但写作依然很难。我已经写了好几本书，每周还要写几篇稿件，但说实话，我依然坚定不移地认为写作很难。即便我不愿写作，也要每天坐在桌前动笔写些什么。而我这些年来写出书 6 本、写出无数稿件的原动力只有一个：我要在某一个瞬间惊喜地发现那个不以写作为难事的自己。在写这本书的时候，我每天早上也在利用这种认知失调，和自己争战。

路易斯 · 卡罗尔（Lewis Carrou）在《爱丽丝梦游奇境》中告诉我们：

“如果你不知道去哪儿的话，就往前走吧。”

Part 10

掩读：合上书读

划着划着，
丢失了桨。
回头望，是无垠的水面。
——高银，韩国诗人、作家，在韩国家喻户晓，近年来屡次入围诺贝尔文学奖

所谓掩读，就是合上书读。
合上书读有两个含义：
一是“超越阅读”。
指的是追求“读书内化”，
合上书本之后自我思考、写作、向他人传递书的思想，
将书本与世界联结起来。
另一个含义是“跳出阅读”。
指的是追求“读书的可持续”，
合上书本后，悠游自在地尽情休息，
或散步或睡觉做梦。

Chapter 1 · 智慧之始

“我强烈地感到，我们的智慧始于作者智慧的中止之处。”

——普鲁斯特

掩读的两种含义

我认为读书的最后一环是“掩读”。所谓掩读，就是合上书读。合上书读有两个含义：一是“超越阅读”。指的是追求“读书内化”，合上书本之后自我思考、写作、向他人传递书的思想，将书本与世界联结起来。另一个含义是“跳出阅读”。指的是追求“可持续的读书”，合上书本后，悠游自在地尽情休息，或散步或睡觉做梦。

下面让我们先详细了解超越读书式的掩读。

我们读完书 10 分钟后开始遗忘，一天后忘掉所读内容的 70% 以上。我们如何才能抵挡来势汹汹的遗忘巨浪呢？人们异口同声地回答“重复”。事实上，艾宾浩斯利用遗忘曲线创立了艾宾浩斯学习法，用定期复习的方式来维持记忆。反复学习并非新方法。我们上学的时候就经常使用这种方法了。大家肯定也在考试前临时抱过很多次佛脚吧？考前突击学习就是通过最大限度地反复来记忆考试内容的方法，可以在短时间内获得明显成效。不过，突击学习的内容最终会留在脑中吗？

1978 年有一项研究，让一组人员用“输入式”方法学习，另一组用“输出式”方法学习。输入式和突击差不多，只将信息装在脑中。读和听便属于这种。输出式学习则让学生有意识地将脑中的知识向外掏。演讲和写作便属于输出式学习。输出式学习包括：将书上的内容制作成试卷，进行小测试；合上书本背诵；概括书本内容或写文章；讨论相关内容或做报告等。总的说来，输出式学习法很辛苦。

最终考试成绩是突击学习组占优。可以看出仅从考试的角度讲，突击学习的效率最高。不过考试结束两天之后再度对学习成果进行检验时，突击学习组第一次考试时还记得的信息，已经忘掉了 50%。而输出式学习组中只有 13% 的人有信息遗忘。

让我们再来看另一组实验。请读下列字词：

扔—锤子—闪烁—眼睛—涓涓流淌—跑—血—石头—想—汽车—螨虫—爱—云彩—喝—看—书—火—骨头—吃—青草—大海—滚—铁—吸气

接下来请再读一遍，一边读一遍想，这些字词是不是名词，你会发现这次比上一次难度更大了。然后请读第三遍，这次一边读一边判断这些字词代表的是否是生物，这一次思考的层次又深了一层。

让三组参加试验人员用以上三种不同的方法读单词后，各组的单词默记水平有何差异呢？结果显示，单词默记个数从多到少的组为：生物—非生物组、名词—动词组、字体差异组。记起来越是费脑筋，记得就越牢。

荷兰的一位认知心理学家克里斯托夫·范·宁韦根将试验人员分为两组，让他们用电脑解答难度很高的逻辑谜题。

一组使用能够有效辅助解谜的程序软件，另一组使用不提供任何辅助线索的软件。一开始，使用辅助软件组节节胜利。但当实验持续进行一段时间之后，无辅助组开始逐渐占据上风。宁韦根在实验报告中写道：一开始解题困难的小组进展缓慢，苦战无果，直到某一刻开始，他们开始在提前制订计划和战略上超越另一组。

8个月后，宁韦根再次召集被试人员，让他们做了一个略微变形的逻辑解谜实验。实验结果显示，之前用无帮助软件解谜的组，比有帮助组的解谜速度快两倍多。即便已经过去了8个月，解题困难的小组成员大脑中，还存有很多当初解谜时的信息。

以上列举的三个实验让我想起了一句西方谚语："通往地狱之路，通常是由善意铺成的。"仅仅反复阅读、解决简单问题的大脑中，不能留存下很多记忆，而合上书进行输出式学习、解决难题的大脑，则能将记忆留存许久。为什么会出现这种现象呢？

为何要偶尔合上书本

亨利·古斯塔·莫莱森9岁时骑车在路上发生车祸，损伤了大脑，患上了癫痫。27岁时，他接受了脑部手术，大大减轻了症状。手术中，医生除去了亨利的大部分海马组织，起初他并没有出现异常，但过了几天之后，每当他再次看到几分钟前才打过招呼的人时，他会像第一次见面那样再打一次招呼，也就是说，他无法形成新的记忆。不过，之前的记忆力还是正常的，他可以记起所有手术前的生活细节。

我们的眼、耳、手等部位接受到的感觉信息，会通过脑干传递至丘脑。丘脑承担中介的作用，将各种感觉信息传送到脑的各个部位，这些信息经过额前叶，储存为短期记忆。不过，要想把这些短期记忆转化成长期记忆，就需要海马组织的参与了。海马组织将短期记忆分门别类，传送到脑的各个区域。例如，与情感相关的记忆储存在杏仁核，与触觉和移动相关的记忆储存在顶叶，与视觉和色彩相关的记忆储存在枕叶。

大脑的记忆方式和电脑硬盘的存储方式不一样。电脑不会将储存的信息加以分类，而是全部存储到一个地方。当大脑在储存书时，会把与书相关的视觉信息、触觉信息、情感能分散储存在大脑的各个部位。因此，当回忆书本内容时，需要将散布于大脑各个部分的记忆碎片结合在一起。

大脑中有一种频率为40赫兹的脑电波，记忆的某一片段以该频率震动的同时，刺激大脑其他部分储存的记忆。换句话说，散落于各处的记忆碎片共有相同的振动频率，当脑电波以该频率震动时，这些碎片便再度结合成为一个记忆。

我要讲的重点在于短期记忆如何转化为长期记忆，以及两者之间的差异。短期记忆通过电信号和化学信号存续信息，而长期记忆则需要蛋白质分子参与记录。详细来说，形成长期记忆，意味着大脑重塑、从物理结构上发生变化。因为大脑从物理结构上发生了改变，所以我们即便想要抹去长期记忆，也无能为力。

那么如何才能将短期记忆转化成长期记忆呢？我们可以把大脑和肌肉进行类比。当健身教练指导你训练的时候，即便你的肌肉力量全部用尽了，他依然在你耳边喊："用力！再来一次！"这是因为只有当肌肉纤维撕裂后，才会在恢复时多生成些许微量的肌肉纤维。只有历经了近乎令人崩溃的过程，才能长肌肉。大脑也是如此。大脑并不觉得长时间反复做同一个动作很难。这只不过是在重复调取短期记忆中的内容。可要让你回想这些记忆就很难了。例如，让你反复读书的话，可能会有些无聊，但你并不会觉得难。但要让你默记书的中心思想、概述书的内容或根据书的内容演讲的话，就会很犯难了。但大脑受苦的时候，会产生新的神经元联系。当以多种方式重复输出过程的时候，大脑的回路就会不断强化。

尤其是短时间内反复看某一内容的突击学习法，从形成长期记忆的角度来看，可谓是最差的方法。有一种叫 CREB 的活性蛋白质，该物质全称为 cAMP（response element-binding protein），是个用于调节基因转录蛋白质，它作用于刺激特定基因，促进神经元之间形成新的连接，形成长期记忆。缺乏 CREB 蛋白质的老鼠几乎无法形成长期记忆力。而当考试前夕突击学习的话，会迅速消耗掉 CREB。这样一来肯定就不能指望有长期记忆形成了。

说个题外话，每当我们回忆的时候大脑都会有变化，这很耐人寻味。也就是说我们每次调取记忆的时候，记忆就会有些许变化。乔治·奥威尔（George Orwell）的《1984》中有段内容如下：

> “凡现在是正确的东西，永远也是正确的。这很简单，所需要的只是一而再再而三、无休无止地战胜你自己的记忆。”

我们不必激进到像书中所写的那样扭曲记忆去取得胜利，只需让记忆重现就好。当回忆泛起时，以前的碎片就会一点点地重组。

在长期记忆中，不仅有事实，还有复杂的概念、理论、计划、战略等所谓的纲要模式。

纲要模式将散落的信息碎片组织成知识树，加深我们的思考。这意味着，深度专业的学习可以将短期记忆收编进长期记忆，并将这些记忆与高层次的纲要模式相连。

普鲁斯特曾经说过：

“我强烈地感到，我们的智慧始于作者智慧的中止之处。”

只有合上书本，踏上书籍内化的艰险之路（默记、写作、考试、演讲、讨论等）时，你才能开启“我们的智慧”世界。

合上书本，思考提问

合上书后，我们必须要做的另一项功课是思考。萧伯纳曾开玩笑说：“一年中思考两三次的人已经不多。我每星期思考一两次，所以名闻天下。”对此我们可不能一笑了之。

哈佛大学的心理学家们让被试人员坐在椅子上随意思考，如果觉得思考很难或很让人厌烦，就按椅子上的按钮。按下按钮后，被试人员会遭受轻微的电击。

不管有多轻微，我想也没人喜欢被电击吧。不过让人惊讶的是，有三分之二的男性按下了按钮，甚至有一名男子在 15 分钟内按了 190 次。女子组的情况相对较好，可也有四分之一按了按钮。我们可以从中看出人们是多么厌恶独自思考。

让我们来看看下面这些名言：

“在将乐思谱成曲前，我会花费很长时间，有时甚至花费一整天在大脑中构思。在这过程中，我会换掉许多部分，删去某些东西，直到我满足为止。我还会不停地重复。然后，我会仔细梳理整个作品，从各个角度去看去听乐曲的意象，仿佛是在制作雕塑。这些工作结束后，就只剩下将乐曲

移到乐谱这一件事了。”——贝多芬

“肤浅演技靠骗，深层演技靠想象。”——康斯坦丁·斯坦尼斯拉夫斯基

“科学研究人员需要艺术想象力。”——马克斯·普朗克

“发现新知、前进和飞跃、征服物质的不是理性，而是想象力和直觉。”——夏尔·尼科勒

“我的第一反应是直觉和直观，是从思考内部而生的所谓本质的图像。话语和数字只不过是内心图像的表现手段。”——爱因斯坦

“统治世界的是想象力。”——拿破仑

创造新事物时，想象力比知识更重要。

从书中汲取了知识后，就要培养合上书本思考的习惯。我做的都是需要开动脑筋的事情（读书、讲座、创业）。也许正因如此，我在不知不觉间养成了一个奇特的习惯——一走路就开始思考。有时我在小区里绕大圈走，有时是在办公室房间里画小圈走，一走起来最少走一小时，最多曾走过 4 个多小时。走 4 个小时的那次，我一停止思考，腿就疼得直抽筋。但即便如此，走的过程对我来说十分珍贵，因为我事业的蓝图和战略正是在走路中得来的。准备这本书的时候，我也边走边思考了很久。

那次思考纯属偶然，大约在写“掩读”篇前两个月，有一天我抱着老二哄她睡觉，不知不觉就开始在脑中勾勒章节结构，竟

就这样在房间里转了 1 个多小时。后来孩子醒了来，我的思考才随之暂停。虽然这次思考让我的腿和手腕酸得不行，但文章的构架更加清晰了，我很满足。

如何才能陷入思考的深渊?

思考从质疑开始。在韩国 EBS 电视台纪录片《我们为什么上大学》的第 5 分钟镜头中，出现了美国总统奥巴马在 G20（20 国集团）闭幕记者见面会的场面。奥巴马总统这样说道："我想给韩国记者一次提问机会。韩国作为主办国举办得非常好。（沉默）……有人提问吗？（沉默）"

这是向美国总统直接提问的绝佳机会。如果问题问得好的话，还能写出一篇有价值的报道，甚至还有可能提出一个于国有利的观点。但没有一名韩国记者把握住这次机会。尴尬的沉默持续着。突然有一位东亚记者站了起来，打破了沉默。大家都松了一口气，但仔细一看却是中国记者。他说因为韩国记者没有疑问，因此自己就代表亚洲提一个问题。奥巴马总统说，自己还是想给韩国记者们一个机会，但最终还是没有人提问，于是机会让给了中国记者。

在"泛读"篇中我们已知首尔大学最优秀的学生们的输入思维能力强，而批判、创造思维能力相对较弱。不仅首尔大学存在这个问题，在韩国大部分大学中，要想获得好成绩，就必须侧重于输入思维能力。实际上输入思维是吸收知识的思维，不是超越颠覆既有知识的思维。照看孩子的时候我们会发现，孩子们都是提问能手。他们会问成百上千次"这是什么"和"为什么"。然而这些提问能手在接受教育之后，却变成沉默能手了。

《谁能在首尔大学拿 A+？》的作者李慧贞所长说，课堂曾有一次划时代的变化。她对学生们说："如果提出让教授哑口无言的问题的话，就会得 A+。"于是学习氛围即刻改变了。学生们每节课后都会围绕网络论坛上的问题展开讨论，为挖掘有创意的问题而埋头苦干。

最后这节课得到了极高的评价，可谓十分成功。

质疑的力量

我现在写的这本书也算是我思考的产物。我的思考则是从质疑中来的。重读序言的话，就会知道我是如何开始进行读书之法讲座、如何开始写这本书的。我很想解答如下疑问：

- 什么叫读书？
- 读书对我们有何影响？
- 有哪些读书之法？
- 有普遍适用的高效读书法吗？如果有会是什么？
- 如何才能成为一名真正的读书家？

这些问题督促着我前行。

书读完后，就让我们合上书本提出疑问吧。扪心自问也可，向友人询问也可，向老师请教也可，向读书小组的成员们求教也可。提问之时，思想在起舞，这舞蹈将化作想象力，带给你由内而外的新生。

1904 年，卡夫卡（Franz Kafka）给他的一位朋友奥斯卡·波拉克寄了一封信，内容如下：

> “我认为，只应该去读那些咬人和刺人的书。如果我们所读的一本书不能在我们脑门上击一猛掌，使我们惊醒，那我们为什么要读它呢？或者像你心中所说的，读了能使我们愉快？上帝，没有书，我们也未必不愉快，而那种使我们愉快的书必要时我们自己能写出来。我们需要的书是那种对我们产生的效果有如遭到一种不幸，这种不幸要使我们非常痛苦，就像一个我们爱他胜过爱自己的人的死亡一样；就像我们被驱赶到了大森林里，远离所有的人一样；就像一种自杀一样。一本书必须是一把能劈开我们心中冰封的大海的斧子。我是怎么认为的。”①

但我不这样认为。因为一本书是否能劈开我们心中冰封的大海，不是书本身决定的，而取决于我们如何读书。不管书籍带着多么强劲的掌力，若不拍在我们的脑门上，就只能拍向空气。斧子在我们手中，当我们合上书本走上痛苦的道路时，这把斧子将更加气势凌人，连冰封的大海也不在话下。

---

① 引自《卡夫卡书信日记选》，叶廷芳、黎奇译，天津：百花文艺出版社，1991.3。——译者注

Chapter 2 · 闲暇时光

"闲暇是所有财富中最好的财富。"
——苏格拉底

空手术室带给我的启示

美国密苏里州的圣约翰医院有一个和手术室有关的问题。医院陆续接了32万件大小手术，而手术室只有32个，因此协调制订手术日程十分困难。2002年一整年，所有手术室每天都不闲着，日程排得满满的，半夜3点也有手术，医生经常为了两小时的手术等上很长时间。医院渐渐变得效率低下起来，无论如何必须找寻解决方案了。

医院管理层从健康管理中心请来了咨询专家，专家却给出了一个令人无语的解决方案：干脆一直空着一间手术室。虽然医院其他人员强烈反对，但管理层还是决定听从咨询专家的意见，将一间手术室空了出来。

奇迹出现了！咨询专家的方案取得了惊人的效果。空闲一间手术室后，虽然当月能排的手术件数减少了，但半夜3点以后的手术数量减少了 45%。医院的营业额也有所提升，手术数量以每年 7%~11% 的增长率增长。

医院的核心问题在于多达 20% 的急诊患者。因为急诊患者来到医院后需要先做手术，所以原先的手术日程就要向后延。日程被耽搁后，使得混乱加重。患者们抗议，医院员工为了抢手术时间不断争吵，夜间手术量被迫增加，手术时间延长，连住院科室也增加了。

但当专门设立一间紧急情况专用手术室后，变更手术日程的情况就大幅下降了。患者们的抗议也减少了，也没有人再为了抢手术室而喊来喊去，半夜工作的时间也少了。以前医生们每周五制订手术日程，大家都怕手术拖到周末，都想抢靠前的时间；当看到日程可按计划进行后，手术日程也分布得更为均匀合理了。

不管做什么，认真努力全力以赴总是好的。但在努力的过程中，适当的休息和闲暇也是必要的，正如那件空的手术室一般。

只有适当的休息和闲暇，我们才能更高效地、可持续地工作，最重要的是更具创意。

以下是 19 世纪至 20 世纪初为后人留下伟大功绩的一些人，他们都有着一份共同的职业，请仔细观察：

贝叶斯概率的创始人托马斯·贝叶斯（Thomas Bayes），《人口论》（*the Principle of Population*）的作者托马斯·马尔萨斯（Thomas Robert Malthus），发明了动力织布机的艾德蒙特·卡特莱特（Edmund Cartwrigh），培养出宠物犬杰克拉西耳梗的杰克拉西尔（Jack Russell），权威的恐龙研究专家威廉姆·巴克兰（William Buckland），近代考古学创始人威廉姆·格林维尔（William Greenville），蜘蛛研究专家奥克塔维厄斯·皮卡德－坎布里奇（Octavius Pickard-Cambridge），当代最受尊敬的自然主义者吉尔伯特·怀特（Gilbert White）……

这些人的共同职业是？不要惊讶，他们都是牧师。据比尔·布莱森（Bill Bryson）的《万物简史》（*A Short History of Nearly Everything*）一书称，19世纪至20世纪初为后人留下伟大著作的作家中，神职人员的人数是科学家、物理学家、经济学家和发明家的10倍之多。当时很多牧师住在舒适的居室中，不需要料理家事，一边吃着奶油曲奇一边喝茶，享受着闲暇人生。那时的牧师比任何职业的人都博学，他们将闲暇和自学者的身份结合在了一起，成了工业革命时期技术知识积累和革新的主要原动力。

创造读书时间

诸位中肯定会有相当一部分人说“我根本没有闲暇的时光”。因为我周围也有很多把加班看成是家常便饭的人。根据OECD

（经济合作与发展组织）调查显示，2014年韩国人均劳动时间为2 124小时，居34个成员国中的第2位，比平均值多了354小时。然而，韩国的人均劳动生产率则位列下游。2015年年初，OECD发布了韩国劳动者每小时劳动生产率，按购买力平价指数（PPP）计算为30.4美元，位于34个会员国中的第28位。

影响生产率的因素很多，有该国的技术设施、组织模式、组织文化等。但我认为，做太多事情本身也是导致生产力下降的一大因素。生产率低下不是因为“不努力”，而是因为“太努力”。

让我们再说回来，我们真的没有闲暇吗？芝加哥大学的埃里克·赫斯特（Erik Hurst）等让人们记录下每天做的全部事情，然后将该日记和数十年前的日记作对比。结果十分有趣。美国人感觉自己比过去更忙了，但实际上与1965年相比，他们的闲暇时间增多了，男人每天增多了5小时，女人每天增多了3.5小时。

是不是韩国人也和美国人一样，错误地以为现在的生活已经忙到没有任何闲暇了呢？与美国人相比，韩国人每天多工作大约55分钟。韩国文化观光部的问卷调查显示，2013年韩国成人表示，自己工作日平均有3小时16分钟、周末有5小时43分钟休息时间。该数值比2011年有所增加。

虽然韩国人的劳动时间与别的国家相比相对较多，但也是在逐年减少中，虽说应该减少得更快些。

总的来说，肯定有一些人是没有任何闲暇可言的，但平均来看我们每个人都有不少可支配的闲暇时间。我们可以像前面的实验一般，仔仔细细记录一周当中每天的工作情况。认识到自己的生活中有空闲的空间之后，我们才能真正怀有一颗闲适的心。

下一个问题就是如何去利用闲暇时间了。我认为将闲暇时间用于读书的话，不仅于个人有益，于国家也有益。不过适当的休息与读书同等重要。若是处于一种必须读书的压迫感之中，无休止地压榨自己的头脑的话，反而会适得其反。

还记得 CREB 蛋白吗？就是那个有助于神经元相连，在形成长期记忆过程中起巨大作用的东西。当用脑时，会消耗 CREB 蛋白，大幅降低形成长期记忆的效率。不过幸运的是 CREB 蛋白可以再生成，只要休息就行。CREB 蛋白在大脑放空放松休息或睡觉的时候可以再度合成。

因此，为了可持续地读书，我们需要“跳出阅读”的掩读。用功读书后，让我们把书本合上吧。然后我们该干什么？为了诸位的大脑好，我建议大家去行走。

放下书后起身前行

一种名为海鞘的动物在出生几小时后乃至一天内都会像蝌蚪一样在水中游泳，直到找到适宜生活的场所，它就把脑袋附着在地上，将可谓是原始大脑的神经节和肌肉组织消化吸收掉。因为无须运动了，所以它也就认为神经和肌肉也没有了存在的必要。因此生物学家通过对海鞘的研究，提出了大脑是为调节运动而存在的假说。

该假说似乎在一定程度上是成立的。曾经有段时间头脑训练产品风行。人们称不论是玩任天堂出品的游戏还是玩数独，都对大脑有益。但是经常用任天堂掌机进行头脑训练只会强化单项游戏的能力，经常做数独只会把数独越玩越好。这与全面锻炼头脑机能还有一段距离。而人们似乎又从海鞘身上获得了灵感，诸多研究相继表示运动可以维持头脑机能活跃，尤其是“行走”。

认知科学研究者阿瑟 · F. 克莱默招募了一些经常久坐但很健康的老人，将他们分为了两组，让他们进行为期 6 个月的运动计划。一组每天进行 3 小时健走运动，另一组每天进行 3 小时拉伸和肌肉强化运动。6 个月后，两组成员全部身体健康。不过，做健走运动的老人们在制订计划等认知题目方面执行能力大幅提升，而另一组没有提升效果。大脑影像显示，做健走运动的老人们的脑额叶部分有更多的灰质。可见健走维持了大脑的健康和活力。

克莱默研究小组又趁势分析了所有临床实验中有氧运动对认知能力的影响情况，进一步确定了有氧运动对头脑机能有积极的作用。

那么在哪儿走对我们的大脑更有利呢？密歇根大学心理学家马克 · 伯曼（Mark Berman）选取了 28 人，让他们做了非常困难的测试。他让其中一组在林木茂盛的寂静的公园内行走，另一组则在市中心的繁华商业街上行走，时长都是 50 分钟。行走结束后，再次对他们进行认知能力测试，在公园中行走的一组测试成绩显著提升，而在都市中心行走的一组测试成绩无太大变化。

让我们回想一下繁华市中心的样子。吸引我们视线的事物着实太多了，魅力四射的异性，光芒闪烁的招牌，无数车辆的鸣笛声，刺激食欲的美食味道等，不仅不会给我们的认知资源充电，还会消耗不少。

相反，在温和的自然环境中，我们的心灵变得平和。

让我们漫步于绿意盎然的大自然之中吧，或是去林木茂盛的山中攀爬也好。与自然同行，我们的脑中将会充满欢喜，当再次与书重逢之时，我们将活力充盈地去享受文字的世界。

最佳读书法：读书后睡觉

机械手表是14世纪前后由一名修道士发明的。此后，我们就生活在一天24小时的时间框架之中。虽说把1天分为24份是古巴比伦人首创，但在机械手表问世前，这一概念并未被广泛使用。手表一刻不停地提醒着他的主人使用了多少时间、虚度了多少时间、还剩下多少时间，严格履行着监视者的角色。每当我们浪费了时间，就感觉好似犯了罪一般，于是我们将自己的行为和思维卡在了24小时这个抽象的框架内。

但神奇的是，我们的身体内也有时钟。所有细胞内都自带一个简单的钟表，作为母体的生物钟位于视交叉上核内。视交叉上核调节我们人体内部的周期节奏。血压、消化系统、情感、睡眠、清醒周期等50余种生理周期都由视交叉上核调节。

有趣的是，我们的生物钟不是1天24个小时，而是1天约为24小时10分钟。机械时钟和生物钟略有偏差。

生物钟肯定不是固定不变的，它不断地自我调节，与外部信号相匹配，努力让我们与我们身处的世界和谐一致。生物钟尤其对光敏感，但问题是我们不遮蔽光，反倒是24小时内总有机会暴露在光下。网络和电视的灯光将我们牢牢锁定。于是我们的生物钟陷入了混乱，最终会招致意想不到的后果。

当美国进入夏令时，时间全部调快一小时后，交通事故会增加10%，夏令时结束后，交通事故发生率又会降至原先水平。这便是生物钟在外部时钟调整后出现的副作用，很多人还跟不上节奏。

那么我们如何让生物钟如实地反映外部时钟，与世界步调一致呢？一位心理学家马克·罗斯肯德说，通过睡觉可以做到。通过重组的睡眠和适当的午睡可以尽可能实现两个时钟的协调一致。

睡眠不足对人体有致命损伤。在一项研究中，21名健康人在无光的地堡中生活了6周，他们的白天黑夜节奏混乱，睡眠时间减少至5.6小时每天。结果证明，睡眠不足会损伤胰脏机能，而胰脏产生胰岛素来调节血液中的血糖含量，以持续稳定地为细胞供能。所以，处于睡眠不足状态的话，会出现胰岛素分泌障碍，提升患糖尿病的风险。实验参加者的另一个变化是基础代谢率下降了 8 个百分点。这种状况持续下去的话，1 年内体重将减少 5 千克。人们还发现，睡眠不足会使发生紧急事件的概率增加。在另一实验中，白鼠两周不睡觉便会死亡。

杜克大学的研究小组发现，睡眠不足的老人的大脑退化得更快，尤其是与认知能力相关的部分。儿童进入青春发育期后，在松果体的作用下，人的生物周期开始发生变化，夜晚睡得更晚，白天起得更迟。这也许意味着早上上课时间推迟一些的话效果会更好。果真如此吗？

美国明尼苏达州的 8 所公立学校推迟了上学时间，就为了让学生们多睡一会儿。仅一学期后，学生们的数学、科学、社会学、语文平均成绩由 B 提升到了 B+。美国空军学院采用相同方法保障了学员早上的睡眠时间后，也取得了相似的效果。甚至还得到了如学生成绩提高，出勤率提升，忧郁症患率降低等附加效果。

那么我们睡觉的时候大脑在做什么？我们有四种睡眠状态，分别是入睡期、浅睡期、熟睡期和快速眼动期，四个周期循环往复。每夜通常有 4~5 个睡眠周期。睡眠时，大脑将清醒时接受的新记忆与旧的记忆整合。新记忆碎片在熟睡期中通过海马组织的传递，活跃于大脑皮层，在接下来的快速眼动期中，与旧的记忆结合，创造出其他的新记忆。在睡眠时，帮助长期记忆形成的 CREB 蛋白也会得到补充，清醒时消耗的认知资源也会再度充满。

因此专家建议，越是学习强度大，充足的睡眠就越为重要。

德国的一位神经学家欧利奇·瓦格纳给让实验参加者做一个“无聊的”数学题目：用 8 个数字不重复地组合成新的数。事实上如果知道这个题目背后隐藏的规律的话，就可以很快地解出。实验发现，与持续解题相比，在实验中睡一觉然后再解题，找出隐藏规律的能力会提升两倍。

可见，要想获得最佳的读书效果，不只是读很多书那么简单。在脑子里装入大量信息后，需要通过充足的睡眠将书中蕴藏的各种资料与脑中既有的知识相整合，让新的记忆诞生。在这个过程中，我们还会与新奇的点子相遇，以“梦”为媒。

梦是另一个突破口

还记得化学课上曾认真背过的元素周期表吗？元素周期表是俄国科学家门捷列夫根据元素质量大小排列制作的。该表制作完成还多亏了他的一个梦；科学家奥托·勒维（Otto Loewi）在复活节前夜的睡梦中获得了灵感，理解了神经元间传递信息的电信号的性质；约翰·C. 埃克尔斯（John C. Eccles）在 1947 年的一日梦中，获得了突触抑制理论的线索，该研究后来荣获诺贝尔奖；德国化学家弗里德利希·凯库勒（Friedrich A. Kekule）白天打瞌睡时候，梦见了神话中的蛇——乌洛波洛斯（Ouroboros），瞬间理解了苯环的分子结构……你认为这些受梦启发取得科学进步的故事只是偶然吗？

人都会做梦。睡眠期间约有两个小时是在做梦，一个梦持续约 5~20 分钟。按平均寿命 85 岁来算，我们约有 7 年的时间在做梦。美国心理学家用 40 年时间收集分析了 5 000 个梦，发现梦大多是几天或几周前个人经历的投影。

当我们进入做梦状态后，大脑开始活跃，眼球开始快速转动。这便是快速眼动期。有趣的是，虽然这时我们的嗅觉、听觉、味觉、触觉等大部分感觉都近乎麻痹状态，大脑中负责视觉的部分却处于活跃之中。因此我们才能看到梦。睡眠时，负责记忆的海马组织也处于活跃之中，于是梦境仿佛我们的真实经历一般，也会储存在记忆之中。睡梦中杏仁核和前扣带皮层也处于清醒状态，两者与我们的情绪密切相关。因此我们在做梦时会感受到害怕等情绪。

而更值得探究的不是睡眠时还活跃的部位，而是睡眠时不活跃的部位。

注重逻辑的最高决策者背外侧前额叶皮层、判断是非正误的眶额叶皮层、处理空间感知的额顶叶皮层在睡眠时暂停工作。这又意味着什么呢？

背外侧前额叶皮层在不工作时，你将无法进行逻辑思考，因此，不仅是我们的梦境，其他人的梦境也大多是毫无逻辑，没有任何规律。眶额叶皮层休息时，我们不再纠结对错，于是可以在梦中得以跳出现实法则和常识。额顶叶皮层停止工作后，我们的空间感知消失，所以在梦中我们会灵魂出窍，拥抱超现实的体验。

让我们把以上这些信息整合一下。在梦中，新的记忆将与旧的记忆融合。在此过程中，我们将会做有真实画面感的梦。而做梦的大脑没有逻辑、不辨是非、不受空间约束。梦境以超乎我们想象的情节展开。但这梦境不是从外部而来，而是在整合既有记忆的过程中来。在梦中获得惊人灵感的人，往往都已经和梦中的问题纠缠数年。梦的非逻辑、破坏常识和法则的特性，帮助他们找到了苦苦求索的问题的突破口。

苏格拉底曾说："闲暇是所有财富中最好的财富。"

在多读、泛读、慢读、再读、笔读、朗读等过程我们与书同行，而现在到了掩读阶段，我们要果敢地合上书本。让我们拥抱闲暇充分休息，走到自然中去吧。让我们享受充足的睡眠吧。大脑在睡眠之中充实精神资源、催生新的记忆。最后，让我们做个好梦吧。说不定你今晚能做一个英国著名作家弗吉尼亚·伍尔夫（Virginia Woolf）似的梦呢！

"我有时会梦到，最后审判日来临，那些征服者、大法官、政治家们都来接受他们的奖赏——他们的冠冕，他们的桂冠，他们雕刻在大理石上的永垂不朽的名字。这时，当万能的上帝看见我们腋下夹着我们心爱的书本走过来了，他转过身去，不无妒忌地对圣彼得说：'看，这些人不用奖赏。我们这里没什么东西可给他们，因为他们爱读书。'"